Dr. med. Roman Machens
Christoph Eydt

GENERATION SODBRENNEN

Dr. med. Roman Machens
Christoph Eydt

GENERATION SODBRENNEN

EIN VOLK STÖSST AUF

Originalausgabe
1. Auflage 2015
© 2015 CBX Verlag, ein Imprint der Singer GmbH
Frankfurter Ring 150
80807 München
info@cbx-verlag.de

Alle Rechte vorbehalten. Das Werk darf in keinerlei Form – auch nicht auszugsweise – ohne schriftliche Genehmigung des Verlags reproduziert, vervielfältigt oder verbreitet werden.

Lektorat: Saskia Schulte / text-wird-buch.de
Umschlaggestaltung und Illustrationen: Te-San, Yang
Satz: Julia Swiersy
Druck und Bindung: CPI books GmbH, Leck
Printed in Germany
ISBN: 978-3-945794-35-7

Wichtiger Hinweis:
Methoden, Anregungen und Hinweise in diesem Buch beruhen auf Erfahrung sowie sorgfältiger Recherche und Prüfung durch die Autoren. Keinesfalls ist das Buch jedoch Ersatz für ärztliche oder therapeutische Untersuchung und Beratung, daher liegt die Anwendung allein in der Verantwortung des Lesers. Weder Autoren noch Verlag können für eventuelle Schäden oder Nachteile, die aus den im Buch gegebenen Hinweisen resultieren, Haftung übernehmen.

Inhalt

1. Sodbrennen – Burn-out des Magens   **8**

2. »Volkskrankheit« Sodbrennen   **11**

  2.1 Was ist Sodbrennen?   **11**
     »Jetzt bin ich aber sauer!«   12
     Sodbrennen und Verdauung   14
     Körper und Geist »brennen«   19
     Bei wem und wo brennt es?   20

  2.2 Was führt zum Brennen, was sind die Brandbeschleuniger?   **22**
     Magensäuremangel   22
     Magensäureüberschuss   25
     Reflux   28
     Hypersensitiver Ösophagus   32
     Nebenwirkungen von Medikamenten   32
     Sonderfall: Schwangerschaft   36

  2.3 Folgeerkrankungen: Die Gefahr eines Flächenbrands   **39**
     Schäden an der Speiseröhre   40
     Schäden in Mund und Atemwegen   41

  2.4 Medizinische Diagnostik   **44**
     Säure-Tests für die Speiseröhre   45
     Weitere Speiseröhren-Tests   46
     Magen-Tests   48

3. Behandlungsmöglichkeiten & Präventionsmöglichkeiten   **52**

  3.1 Medikamentöse Behandlung   **53**
     Protonenpumpenhemmer (PPI)   53

INHALT

Antazida & Alginate	56
H2-Rezeptor-Blocker	59
Allgemeine Hinweise für die medikamentöse Behandlung	61

3.2 Diätetik — 62
Viele Verdächtige, aber wenige Beweise: auslösende Nahrungsmittel — 63
Das Säure-Basen-Gleichgewicht — 64
Ernährung nach den fünf Elementen — 68
Schonkost bei Sodbrennen — 74
Schritt für Schritt zur richtigen Ernährung — 77

3.3 Bewährte Hausmittel & Heilpflanzen — 79
Heilkräuteranwendungen — 80
Hausmittel — 87

3.4 Akupressur & Massage — 92
Akupressur — 93
Massagen – Verwöhnkur für innere Organe — 99

3.5 Wasseranwendungen — 105
Kaltes Wasser für Ihre Gesundheit — 105
Wasser heilt — 112

3.6 Darmsanierung — 113
Der Darm – Zentrum der Gesundheit — 113
Was ein gestörter Darm auslösen kann — 118
Verstopfung und Reflux — 121
Der Darm im größeren Zusammenhang — 122
Probiotische Darmsanierung – ein Überblick — 122
Was Sie schon jetzt tun können — 125

3.7 Entsäuerung — 129
Schlacken und Säuren — 130
Bekannte Entsäuerungen im Überblick — 131
Basenpulver: Vorsicht vor Zusatzstoffen! — 135

INHALT

3.8 Fasten — 137
Eine umfassende Hilfe für Körper und Geist — 138
Fasten bei Sodbrennen? — 140
Neustart für Körper und Geist — 144

3.9 Stressreduktion — 145
Was ist Stress? — 146
Auswirkungen von Stress auf Körper und Geist — 149
Burn-out und Bore-out — 152
Stress abbauen – gesünder leben — 156

3.10 Sport und Entspannung — 158
Entspannung gegen Stress und Raubbau am Körper — 159
Entspanungsübungen für jedermann — 161
Gesunder Sport — 165

3.11 Bewusste Lebensführung — 168
Krankheiten als Projekte — 170
Selbstbeobachtung im Alltag — 172

3.12 Hilfe im Akutfall — 175
Verzicht auf Sodbrennen auslösende Nahrungsmittel — 175
Notfall-Tabletten und schnelle Hausmittel — 176
Kleidung weiten — 176
Schnelle Akupressur — 176
Entspannung — 177

4. Sodbrennen ist Ihr Projekt! Gehen Sie es an! — 179

Ein Fahrplan von Anfang an — 179
Sodbrennen lindern –
ein Weg zu mehr Vitalität und Lebensfreude — 181

Quellenverzeichnis — **183**

1. Sodbrennen – das Burn-out des Magens

»O nein!«, denkt sich Klaus. »Bitte nicht jetzt!« Doch dann passiert es: Langsam, dann immer schneller, baut sich ein brennender Schmerz im Oberbauch auf, der bis in den Rachen hinein ausstrahlt. Während die anderen in Ruhe ihr Abendessen zu sich nehmen, muss Klaus das Essen immer wieder unterbrechen. Er stößt auf. »O Gott, wie peinlich«, flüstert er. Seine Freunde bekommen es zum Glück nicht mit. Erst als er immer lauter aufstoßen muss, fragt ihn seine Lebensgefährtin, die neben ihm sitzt, ob alles in Ordnung sei. »Ja, ja – alles gut. Nur ein bisschen viel gegessen«, antwortet Klaus. Er bestellt sich ein Glas Wasser und trinkt es unverzüglich aus. Danach greift er zu den Salzstangen. Doch nichts hilft. Klaus muss an diesem Abend noch mehrfach sauer aufstoßen und die brennenden Schmerzen hinterm Brustbein ertragen. »Was ist das nur?«, fragt er sich. Doch bis auf die Antwort, dass es sich wohl um Sodbrennen handeln wird, kann er nichts weiter für sich entdecken. Er kennt weder die Ursachen für sein Sodbrennen noch interessiert er sich für mögliche Therapien. »Sodbrennen – sowas hat doch jeder«, denkt er sich. »Damit muss man eben leben.«

Doch dass das Sodbrennen unmittelbar mit dem Essen zusammenhängen könnte, daran denkt Klaus nicht. Er hat an diesem Abend wie immer gegessen, wenn er mit seinen Freunden ins Restaurant ging. Gut – vielleicht hat er ein bisschen zu viel zu sich genommen. Aber ist das wirklich so schlimm? Ja! Unter Umständen kann dies sogar sehr schlimm sein, besonders dann, wenn übermäßig viele Fette oder Säuren konsumiert werden. Sebastian Kneipp (1821–1897), ein weltbekannter Naturheilkundler, stellte bereits im 19. Jahrhundert fest: »Wenn du merkst, du hast gegessen, hast du schon zu viel gegessen.«

1. SODBRENNEN – DAS BURN-OUT DES MAGENS

Wer zu viel gegessen hat, muss nicht nur ein unangenehmes Völlegefühl ertragen, sondern belastet auch dauerhaft den eigenen Körper. Besser ist es, weniger zu sich zu nehmen und achtsam mit dem Essen umzugehen. Hätte Klaus an jenem Abend darauf geachtet, wie viel und was er gegessen hat, wäre ihm womöglich das Sodbrennen erspart geblieben. In unserer schnelllebigen Gesellschaft ist es jedoch nicht immer so einfach, auf das Essen oder das eigene Essverhalten zu achten. Für viele Menschen ist das Essen zu einer Nebensache verkommen: Hektisch wird in der Mittagspause Fast Food konsumiert, am Abend wird dafür ausgiebig gespeist, obwohl die Verdauungsaktivität in den Abendstunden viel zu gering ist, um all das Essen ordentlich zu verwerten. Verdauungsstörungen oder chronische Magen-Darm-Probleme sind die Folge.

Sodbrennen kann aber auch andere Ursachen haben und neben ungünstigen Essgewohnheiten auf bestimmte körperliche Probleme (zum Beispiel Nahrungsmittelunverträglichkeiten oder Muskelschwäche) zurückzuführen sein. Was alles zu dem unappetitlichen Brennen in der Speiseröhre führen kann, welche Folgen es bisweilen nach sich zieht und welche Behandlungsmöglichkeiten es gibt, erfahren Sie in diesem Buch. Gerade die vielfältigen Möglichkeiten der Selbsthilfe sollen Ihnen nicht nur im akuten Fall helfen, sondern Ihnen auch ein tieferes Verständnis für Ihren Körper vermitteln. Weil Sodbrennen zu großen Teilen mit Essgewohnheiten zusammenhängt, liegt der Schwerpunkt auf Hilfen zur angemessenen Ernährung. Sie erfahren aber auch, wie Ihnen Darmsanierungen, Fastenkuren, Wasseranwendungen, bewährte Hausmittel und Massagen Linderung verschaffen können. Letztlich ist Gesundheit jedoch immer eine Frage der Achtsamkeit. »Wer keine Zeit für seine Gesundheit hat, wird später viel Zeit für seine Krankheiten brauchen« – ganz im Sinne Sebastian Kneipps, von dem dieses Zitat stammt, zielt dieses Buch darauf ab, Sodbrennen zu erklären und die Achtsamkeit der Leser zu fördern, damit diese nicht erst aktiv werden, wenn es schon zu

1. SODBRENNEN – DAS BURN-OUT DES MAGENS

spät ist. »Vorbeugen ist besser als heilen!«, so heißt es schon bei Hippokrates – und bis heute hat dieser Ausspruch nicht an Aktualität eingebüßt.

2. »Volkskrankheit« Sodbrennen

Wenn Sie bereits das Internet nach Informationen über Sodbrennen durchsucht haben, ist Ihnen sicherlich aufgefallen, wie viel Material es zum Thema gibt. Sowohl Fachärzte als auch Betroffene, Heilpraktiker und interessierte Laien geben unterschiedliche Auskünfte zu Ursachen, Folgen, Begleitsymptomen und Therapien.

 Scheinbar hat jeder eine passende Antwort, wenn es um die Frage geht, wieso der Magen sauer ist und wie man ihn besänftigen kann. Doch die Fülle an Informationen zeigt auch, dass es keine Patentlösung gibt und Sodbrennen nach wie vor weit verbreitet ist.

2.1 Was ist Sodbrennen?

Doch haben Ihnen all die Informationen, die es über das Thema gibt, überhaupt verständlich machen können, was Sodbrennen ist? Oder haben Sie nur eine vage Vorstellung davon? Oder verwirren Sie eher Definitionen wie die folgende, wenn Sie versuchen, sich ein genaueres Bild von dem Symptom zu machen: »Sodbrennen im engeren Sinn ist ein pharyngeales Brennen mit saurem Geschmack, das vom Sternum her aufsteigen kann. Oft werden unter Sodbrennen alle Beschwerden subsummiert, die epigastrisch, retrosternal oder im Rachen Brennen oder ein Gefühl von Übersäuerung bewirken.«[1]

Zwar ist die Definition schon etwas älter, aber das macht sie nicht weniger richtig. Fraglich ist nur, ob sie dem medizinischen Laien beim Verständnis seiner Beschwerden weiterhelfen kann. Im Prinzip sagt die obige Definition nichts weiter aus, als dass

---

1 Blum 1976, S. 74.

2. »VOLKSKRANKHEIT« SODBRENNEN

Sodbrennen ein Übersäuerungs- bzw. Brenngefühl im Rachen (Pharynx) ist, welches »auf den Oberbauch bezogen« (epigastrisch) und »hinter dem Brustbein lokalisiert« (retrosternal) ist. Man könnte es also auch einfacher formulieren. Doch was ist mit dem sauren oder bitteren Aufstoßen? Darüber wird nichts gesagt, obwohl es doch gerade das ist, was vielen als Sodbrennen bekannt ist. Im weiteren Verlauf dieses Buches werden Sie unter anderem darüber mehr erfahren.

»Jetzt bin ich aber sauer!«

Wenn Sie so richtig wütend sind, dann möchten Sie aufbegehren, aufstoßen gegen das, was Ihnen widerfahren ist. Sie stoßen sich an etwas oder etwas stößt Ihnen auf. So geht es auch Ihrem Magen. Ob Sie es glauben oder nicht: Ihr Magen kann genauso sauer werden wie Sie. Wenn Sie ihm nicht genug Beachtung schenken, wird er sich bemerkbar machen. Wenn Sie selbst wütend sind oder »etwas nicht verdauen« können, dann kann es Ihr Magen erst recht nicht! Er stößt auf, kämpft dagegen an – und Sie spüren es als Sodbrennen. Oftmals sagen Menschen, denen unerwartetes Unglück widerfährt, dass ihnen das »aufstoßen« würde. Jeder kennt »sauer verdientes Geld«, »ein Brot sauer verdienen« oder »jemandem etwas sauer machen«. Damit ist nicht nur ein Gefühl der Verärgerung oder Enttäuschung gemeint, sondern auch eine physische Reaktion. Vielleicht sind Sie ein Mensch, bei dem die Gefühle sofort auf den Körper wirken. Wer so richtig wütend ist, kann die Sache, die ihn belastet, nur »schwer schlucken«, bekommt einen »Kloß im Hals« oder muss eben »sauer aufstoßen«.

 Dass Emotionen die Körperfunktionen steuern, ist keine neue wissenschaftliche Erkenntnis, sondern altes Volkswissen, und schon die Mediziner und Gelehrten früherer Zeiten warnten vor negativen Emotionen.

Wenn Sie unter Sodbrennen leiden, heißt das natürlich nicht immer, dass Sie wütend sind. Und es wäre weit gefehlt, Sodbrennen ausschließlich auf negative Gefühle zurückzuführen.

2.1 WAS IST SODBRENNEN?

Das Symptom ist wesentlich komplexer und sollte unbedingt im Kontext von Anatomie und Physiologie gesehen werden.

Wenn GERD in Aktion ist
In der Regel wird Sodbrennen auf die sogenannte gastroösophageale Refluxkrankheit zurückgeführt. Dieses Krankheitsbild zeichnet sich durch den Rückfluss der Magensäure in die Speiseröhre aus. Damit kann eine Entzündung der Speiseröhrenschleimhaut (Ösophagitis) einhergehen – muss aber nicht.
Im Englischen lautet der Name für die gastroösophageale Refluxkrankheit »gastroesophageal reflux disease«, was abgekürzt GERD ergibt. GERD hat zwei Verwandte: ERD und NERD. ERD steht für »erosive reflux disease«. Dabei handelt es sich um eine Unterform der gastroösophagealen Refluxkrankheit. Hier liegt eine Entzündung der Speiseröhrenschleimhaut vor, bei der Veränderungen an der Speiseröhrenschleimhaut mithilfe des Endoskops sichtbar gemacht werden können. NERD steht für »non-erosive reflux disease« und meint jene Form der Krankheit, bei der die Symptome so wie bei ERD sind, aber ohne dass es nachweisbare Schäden an der Speiseröhrenschleimhaut gibt.

Sodbrennen ist ein Symptom, keine Krankheit
Gemäß der ICD-10-Klassifikation der Weltgesundheitsorganisation (WHO) gilt Sodbrennen als Symptom, welches das Verdauungssystem und das Abdomen (den Bereich zwischen Brustkorb und Becken) betrifft. Es ist in der Klassifikation als R12 gekennzeichnet. Sodbrennen ist bei GERD, ERD und NERD als Leitsymptom anerkannt. Diese Erkrankungen sind wie folgt gekennzeichnet:

GERD: Gastroösophageale Refluxkrankheit, ICD-Code K21.9
ERD: Gastroösophageale Refluxkrankheit mit Ösophagitis, ICD-Code K21.0

2. »VOLKSKRANKHEIT« SODBRENNEN

NERD: Gastroösophageale Refluxkrankheit ohne Ösophagitis, entspricht GERD

Die Ösophagitis als eine akut oder chronisch auftretende Entzündung der Speiseröhrenschleimhaut gilt als eigenständige Erkrankung mit dem ICD-Code K20.

Die »siedende« Flüssigkeit
Sodbrennen kann durch zwei wesentliche Merkmale bestimmt werden: Zum einen ist eine vom Oberbauch aufsteigende, schmerzhafte (brennende) Empfindung hinter dem Brustbein vorhanden, die bis in den Hals und Rachen hineinstrahlen kann. Zum anderen liegt ein saures oder bitteres Aufstoßen vor. Das Aufstoßen hängt begrifflich mit dem Sodbrennen zusammen, denn das Wort »Sod« bedeutet so viel wie »das Sieden« oder »das Siedende«. Es stammt vom althochdeutschen »sod« oder »gisod« bzw. vom mitteldeutschen »sot« ab und kann mit »Wallen«, »Sieden«, »siedende Flüssigkeit«, »Brühe« oder »Brunnen« übersetzt werden.

Sodbrennen und Verdauung
Die Nähe des Wortes »Sod« zum Brunnen oder zur Brühe kommt nicht von ungefähr. Das menschliche Verdauungssystem produziert nicht nur unterschiedliche »Brühen«, sondern kann gut und gerne auch mit einem Brunnen verglichen werden, in welchem ein reges Leben stattfindet. Wenn Sie etwas in diesen Brunnen hineinwerfen, gelangt es nicht gleich auf den Grund, sondern wird verarbeitet (verstoffwechselt) und teilweise wieder ausgeschieden. Unser Brunnen verläuft allerdings nicht so gerade, wie man es sich bei einem typischen Dorfbrunnen vorstellt. Bei unserem Brunnen gibt es viele Kurven und Kanäle, durch die die Nahrung transportiert wird, um schlussendlich vollkommen verwertet zu werden. Sodbrennen ist dabei ungefähr so, wie wenn ein Brunnen plötzlich Wasser speien würde. Dabei schießt

2.1 WAS IST SODBRENNEN?

das Wasser weit über den Brunnen hinaus und durchnässt die gesamte Umgebung. Sodbrennen kann bis in den Rachen hinein »speien« und damit die Umgebung des Magens durchnässen.

 Die Speiseröhre und Mundhöhle sind dabei besonders gefährdet. Beide sind für eine einwandfreie Verdauung unabdingbar, schließlich beginnt die Verdauung bereits im Mund!

Aufbau und Funktion des menschlichen Verdauungssystems – Mund, Speiseröhre und Magen
Mit dem Mund wird Nahrung aufgenommen, die im Verdauungstrakt (Mundhöhle, Rachen, Speiseröhre, Magen-Darm-Trakt, Leber mit Gallenwegen und Bauchspeicheldrüse) zerkleinert und weitertransportiert wird. Die Verdauung ermöglicht die Zerlegung der Nahrung in ausscheidbare Stoffe und Nährstoffe, die der Körper braucht, um seine Funktionen zu erfüllen. Für die Aufschlüsselung der Nahrung sind Enzyme verantwortlich, aber auch Mikroorganismen, die zur Darmflora gehören. Die Leber, Gallenblase und Bauchspeicheldrüse tragen durch ihre Saftproduktion zur Verdauung bei. Hier kommt der etymologische Bezug zur »Brühe« besonders zur Geltung. Es entstehen »Verdauungsbrühen«, die die Nahrung in ihre Bestandteile auflösen, damit diese besser verarbeitet werden können. Der untere Teil des Verdauungstraktes, also das Darmsystem, dient vorrangig der Wasserresorption und der Ausscheidung unverdaulicher Nahrungsteile.

Beim Sodbrennen spielt der Darm keine vorrangige Rolle. Vielmehr sind Mundhöhle, Speiseröhre und Magen betroffen. Bei einer gesunden Verdauung startet das Zerkleinern der Nahrung im Mund durch das Kauen. Durch die Anregung von Speicheldrüsen wird der Nahrungsbrei rutschfähig gemacht und kann durch die Speiseröhre in den Magen gelangen. Die Speiseröhre können Sie sich wie einen langen Tunnel oder Schlauch vorstellen. Er liegt hinter der Luftröhre und transportiert die Nahrung mithilfe

2. »VOLKSKRANKHEIT« SODBRENNEN

von Muskeln in den Magen (eine solche Muskeltätigkeit wird als »Peristaltik« bezeichnet). Die Muskeln erzeugen wellenartige Bewegungen, mit denen die Nahrung vom Rachen zum Magen gelangt. Bei dieser Art von Transport wird die Nahrung nicht gezogen, sondern gepresst. Die Muskeln drücken den Nahrungsbrei den Schacht hinunter. Weil diese Form der Muskelarbeit ein aktiver Prozess ist, kann der Mensch sogar im Liegen oder im Hand- oder Kopfstand trinken, ohne sich zu verschlucken. Die Muskelkontraktionen sorgen für die richtige Beförderung der Flüssigkeit in den Magen.

Der Magen ist ein Hohlorgan aus Muskelgewebe. Während in der Tierwelt die Wiederkäuer und die Vögel über mehrere Magenkammern verfügen, besitzt der Mensch nur eine einzige große Kammer. Diese ist mit einer Schleimhaut versehen. Im Magen kommt es zur Vermengung des Nahrungsbreis mit dem Magensaft. Dieser besteht aus Pepsin und Salzsäure. Pepsin ist ein Enzym, welches Proteine spalten kann. Dies ist für die Eiweißgewinnung des Körpers unerlässlich. Außerdem wird im Magen der Nahrungsbrei gespeichert. Dabei findet eine Temperaturangleichung der einzelnen Nahrungsbreibestandteile statt. Wenn Sie Nahrung zu sich nehmen, wird eine bestimmte Menge Magensaft produziert – circa 1000 ml pro Stunde. Im Ruhemodus kommt es lediglich zu 10 ml Magensaft pro Stunde. Die Saftproduktion wird über Hormone und Nervenimpulse gesteuert. Wurde der Nahrungsbrei im Magen verarbeitet, wird er mithilfe der Peristaltik zum Pförtner (Pylorus) weitergeleitet. Der Pförtner ist gewissermaßen die Grenzzone zwischen Magen und Zwölffingerdarm. Wie ein Zollbeamter reguliert er die Grenzgänge des Nahrungsbreis vom Magen hin zum Darmtrakt. Damit der Nahrungsbrei problemlos passieren kann, kann sich der Pförtner bis zu 13 mm weit öffnen. So wird eine gleichmäßige Weiterführung des Nahrungsbreis gewährleistet.

Wenn die Speiseröhre der Brunnenschacht ist, dann kann der Magen mit dem Grund eines Brunnens verglichen werden.

2.1 WAS IST SODBRENNEN?

Stellen Sie sich nun vor, dass der Brunnen noch über zusätzliche unterirdische Abflusskanäle verfügt. Diesen entspricht der weitere Verlauf des Verdauungstraktes. Im Brunnen selbst wird der Nahrungsbrei längere Zeit gesammelt. Sie können also immer wieder etwas in den Brunnen werfen; es gelangt auf den Grund und verweilt dort für längere Zeit. Die Magenschleimhaut ist an der Innenwand extrem faltig und besitzt drei Typen von Drüsenzellen: Nebenzellen, Hauptzellen und Belegzellen. Die Letzteren dienen der Salzsäure-Produktion. Die Salzsäure hat in der Regel den gesamten Mageninhalt innerhalb einer halben bis ganzen Stunde durchgesäuert. Die Säure dient unter anderem der Abtötung eingedrungener Krankheitserreger. Die Hauptzellen sondern das Enzym Pepsinogen ab. Durch den Salzsäure-Anteil im Magen wird es zu Pepsin, das die Proteine im Nahrungsbrei spaltet und so die Entwicklung kleinerer Peptide ermöglicht. Peptide wirken wie Morphin auf den Organismus, sie können aber auch antibiotisch und antiviral wirken. Das Pepsin wiederum wandelt das Strukturprotein Kollagen um, aus dem der Großteil des Bindegewebes besteht. Wegen des pH-Wertes von 0,9, der aufgrund der Salzsäure im Magen herrscht, muss die Magenschleimhaut geschützt werden. Dafür sondern die Nebenzellen einen zähen Schleim ab, der reich an Hydrogencarbonat ist. Dieser legt sich wie ein Mantel über die Magenschleimhaut. So kann die ätzende Wirkung der Magensäure neutralisiert werden.

Was passiert beim Sodbrennen?
Beim Sodbrennen kommt es zum Rückfluss der Magensäure in die Speiseröhre. Da die Magensäure stark sauer ist, folgt eine Reizung der Chemo-Schmerzrezeptoren, die im Deck- und Drüsengewebe (Epithel) der Speiseröhre eingelagert sind. Die zurückgeflossene Magensäure bewirkt eine Lockerung der Zellverbindungen des Schleimhautepithels. So wird der Zwischenzellbereich durchlässig und die Schmerzrezeptoren können direkt angegriffen werden.

2. »VOLKSKRANKHEIT« SODBRENNEN

Allerdings ist zurückfließende Magensäure nicht der einzige Auslöser für das schmerzhafte Brennen. Genauso gut ist es möglich, dass Verdauungsflüssigkeiten aus dem Zwölffingerdarm zurückfließen können. Dies ist vor allem beim bitteren oder galligen Aufstoßen der Fall. Der Rückfluss aus dem Zwölffingerdarm kann das Ergebnis einer zu starken Darmaktivität sein. Das heißt, er kann unabhängig vom Säure-Haushalt im Verdauungstrakt auftreten. Seine Ursache liegt in der Schwäche der glatten Magenschließmuskulatur. Diese Störung wird als Achalasie bezeichnet. Es handelt sich um eine Erkrankung, bei der sich der untere Speiseröhrenmuskel, der gleichzeitig der Eingang zum Magen ist, nicht richtig öffnen kann. Damit einher geht auch eine Störung der Beweglichkeit der Speiseröhre, die die Verdauung insgesamt beeinträchtigt.

Das »Verdauen« von Gefühlen

Wenn Sie »sauer aufstoßen«, Ihnen etwas »auf dem Magen liegt« oder Sie »lange an etwas herumkauen«, dann können Sie sicher sein, dass dies nicht nur emotionale Erlebnisse sind, sondern auch physische. Genauso wenn Sie »Schmetterlinge im Bauch« haben, Ihnen Ihr »Bauchgefühl« etwas sagt oder Sie einfach nur noch »Gift und Galle spucken« wollen. Vielleicht ist Ihnen auch eine »Laus über die Leber gelaufen«? Im Volksmund gibt es eine Fülle an Redensarten, die Gefühle mit der Verdauung verbinden. In den westlichen Industrienationen sind das Reizdarmsyndrom und der Reizmagen die häufigsten Magen-Darm-Erkrankungen. Wenn diese Diagnosen gestellt werden, müssen die Patienten oftmals auf eine klare Ursachenanalyse verzichten, denn nicht immer gibt es organische Ursachen. Viele Menschen können mit einem Übermaß an Stress nicht umgehen; dieser hat augenblicklich Auswirkungen auf Magen und Darm. Übelkeit, Sodbrennen, Durchfall oder Verstopfung können die unmittelbaren Folgen sein.

2.1 WAS IST SODBRENNEN?

Dass unsere Emotionen zu großen Teilen unsere Gesundheit, vor allem unsere Verdauungsaktivität, beeinflussen, ist allgemein bekannt, wie die obigen Redensarten zeigen. Umgekehrt hängt von der Verdauungsleistung des Körpers auch das Gefühlsleben ab. Besonders der Darm kann direkt die Psyche beeinflussen. So hat beispielsweise Peter Holzer, Professor für Experimentelle und Klinische Pharmakologie der Medizinischen Universität in Graz, festgestellt, dass die menschliche Gemütslage viel stärker vom Darm beeinflusst wird als bisher angenommen.[2] Verwunderlich ist dies nicht. Der Darm besitzt eine 100-mal größere Oberfläche als unsere Haut, ein riesiges Nervensystem und eine Fülle an Darmbakterien. Er enthält den größten Teil des menschlichen Immunsystems. Kommt es hier zu einer Störung oder Beeinträchtigung, wirkt sich dies auf den ganzen Organismus aus, folglich auch auf unsere Emotionen.

Körper und Geist »brennen«

Eine Reduzierung des Sodbrennens auf die körperlichen Vorgänge ist genauso unzureichend wie ein verengter Blick auf die rein emotionale Ebene. Das Symptom sollte vielmehr von beiden Seiten angegangen werden. In der Traditionellen Chinesischen Medizin (TCM) beispielsweise wird diesem Anspruch Genüge getan. Zwar mag diese Sicht der Dinge etwas befremdlich klingen, sie umfasst aber weit mehr als ein rein naturwissenschaftlicher Ansatz: So heißt es in der TCM, dass Sodbrennen ein Symptom dafür sei, dass sich im Magen zu viel Hitze sammele. Der Begriff »Hitze« meint keine Temperaturerhöhung im physikalischen Sinne, sondern ist eine Gesamtbeschreibung des Magenorgans. Zu viel Hitze bedeutet, dass im Körper ein Ungleichgewicht von Energien besteht, aus welchem die Bedingungen erwachsen, die zu Sodbrennen führen. Je nach weiterer Diagnose gibt es hierfür unterschiedliche Ursachen. Zu viel Hitze im Magen wird oftmals

---

2 Schnurr 2010, www.zeit.de, Link im Quellenverzeichnis.

2. »VOLKSKRANKHEIT« SODBRENNEN

auf Ernährungsfehler, unterrückte Emotionen oder Störungen anderer Organsysteme zurückgeführt. Daher kann auch ein »klassischer« Patiententyp für das Krankheitsbild Sodbrennen aus Sicht der TCM beschrieben werden: Es handelt sich hiernach um gedankenvolle Menschen, die an negativen Emotionen hängen, ihrem Heißhunger nachgehen, allgemeine Hitzegefühle haben, unter sprunghaften Stimmungen leiden, reizbar sind, oft Durst verspüren, Verstopfungsprobleme und einen Hang zu kalten Getränken haben. So ist es auch im Sinne einer umfassenden Medizin nutzlos, lediglich Medikamente einzunehmen, die zwar das Symptom lindern, aber nicht die Ursachen beheben. Das Feuer muss gelöscht werden. Es reicht nicht, nur die Flammen zu unterdrücken!

Bei wem und wo brennt es?
Fakt ist: Es brennt! Und Tatsache ist auch, dass vor allem Menschen in den westlichen Industrienationen vom Sodbrennen betroffen sind. Die Deutsche Gesellschaft für Verdauungs- und Stoffwechselkrankheiten (DGVS) geht davon aus, dass zehn Prozent der Bevölkerung aller westlichen Industriestaaten mehrmals pro Woche unter Sodbrennen leiden, oftmals sogar täglich. Wenn Sodbrennen nicht nur auf das Symptom reduziert, sondern als Leitsymptom der Refluxkrankheit (GERD) angesehen wird, dann geht die DGVS sogar von bis zu 20 % Erkrankten aus.[3] Die bisher erhobenen Daten sprechen für eine kontinuierliche Zunahme der gastroösophagealen Refluxkrankheit in den letzten Jahrzehnten. Allerdings gibt es für diese These noch keine prospektiven Daten. Das bedeutet, dass die Beobachtung der Zunahme dieser Krankheit mittels hypothesenbasierter Statistiken weder belegt noch widerlegt werden kann. Allerdings gestattet die Auswertung von Diagnosestatistiken

---
3   Koop et al. 2005, in: Zeitschrift für Gastroenterologie, S. 163–164.

2.1 WAS IST SODBRENNEN?

den Schluss, dass es seit einigen Jahren zu einer Zunahme der Erkrankungshäufigkeit gekommen ist.

Bei der Auswertung der Diagnosedaten konnten keine auffälligen Unterschiede zwischen Männern und Frauen gefunden werden. Ebenso gibt es keine altersbedingten Unterschiede. Sodbrennen kann in jedem Altersabschnitt auftreten. Klinikbasierte Studien weisen darauf hin, dass Männer vorrangig von ERD betroffen sind. Dies trifft auch auf den Barrett-Ösophagus zu. Dabei handelt es sich um eine Komplikation der Refluxkrankheit, bei der das Epithel der Speiseröhre, also das Deck- und Drüsengewebe, metaplastisch umgewandelt wird. In ca. 60 bis 70 % der Fälle handelt es sich um männliche Patienten.

Von den betroffenen 20 % GERD-Betroffenen der westlichen Industrieländer haben 60 % die NERD-Form. 40 % weisen die ERD-Form auf. Bei 5 % aller Betroffenen kann sich ein Barrett-Ösophagus entwickeln (dabei handelt es sich um eine Komplikation, die zur inneren Verkürzung der Speiseröhre führt). In der Regel besteht bei GERD kein direkter Einfluss auf die Lebenserwartung der Patienten. Bei dem Barrett-Ösophagus besteht zwar die Gefahr einer Weiterentwicklung zu einem seltenen Adenokarzinoms (bösartiger Tumor im Drüsengewebe der Speiseröhre), aber die Wahrscheinlichkeit der Weiterentwicklung ist äußerst gering, sodass auch hier keine niedrigere Lebenserwartung nachgewiesen ist.

Somit ist Sodbrennen eine häufig auftretende Erscheinung, die aber meist ungefährlich verläuft und bei entsprechender Therapie gut behandelt werden kann. Allerdings hängt der Erfolg der Therapie von den Ursachen ab, die zum Sodbrennen führen. Und diese können äußerst vielfältig sein. Bisher wird Sodbrennen vorrangig auf die Refluxkrankheit reduziert, aber daneben gibt es noch weitere Ursachen. Dass 20 % der Bevölkerung aller westlichen Industrienationen an GERD leiden, zeigt, dass zu großen Teilen unsere Lebens- und Essgewohnheiten eine tragende Rolle bei den Ursachen spielen.

2. »VOLKSKRANKHEIT« SODBRENNEN

2.2 Was führt zum Brennen, was sind die Brandbeschleuniger?

Speisen und Getränke können das Risiko für Sodbrennen genauso erhöhen wie eine allgemeine ungesunde Lebensweise. Stress, Hektik, eine kaum vorhandene Körperwahrnehmung, ungünstige sportliche Aktivitäten, negative Emotionen und Gedanken oder schlechte Schlafgewohnheiten sind nur einige Beispiele dafür. Typische Risikofaktoren sind Rauchen, übermäßiger Alkoholkonsum, Fettleibigkeit, dauerhafte oder immer wiederkehrende psychische Belastungen sowie Vorerkrankungen im Magen-Darm-Trakt. Bei der Ernährung geht es nicht nur um die Nahrungsmittel selbst, sondern auch um deren Inhaltsstoffe. Dies trifft auch auf gängige Kosmetikartikel zu. Die darin enthaltenen Inhaltsstoffe können sich ebenfalls negativ auf die Verdauung auswirken.

Magensäuremangel
All die oben beschriebenen Risikofaktoren können dazu führen, dass Magensäure in die Speiseröhre zurückfließt. Damit sind sie der Auslöser für das Sodbrennen. Doch es müssen immer mehrere Bedingungen erfüllt sein, damit ein Symptom zum Vorschein kommt. Beispielsweise kann es sein, dass der Magen eines Menschen empfindlich auf Rauchen reagiert und es auf diese Weise zum Sodbrennen kommt. Bei einem anderen passiert dagegen überhaupt nichts. Die Ursache ist also nicht das Rauchen allein, sondern das Rauchen im Zusammenhang mit der körperlichen Konstitution im Einzelfall. Das bedeutet, dass es für den Rückfluss der Magensäure in die Speiseröhre unterschiedliche Konstellationen von Ursachenbedingungen gibt. Oftmals führen diese zu einem Magensäureüberschuss, der das Zurückfließen bedingt, aber es kann genauso gut eine Mangelerscheinung vorliegen, also eine Minderproduktion der Magensäure.

2.2 WAS FÜHRT ZUM BRENNEN?

Wie ein Mangel Überschuss-Symptome auslösen kann
Lange ging man in der Medizin davon aus, dass für das Sodbrennen ausschließlich eine zu starke Säureproduktion der Belegzellen verantwortlich ist. Doch gegenwärtig gibt es vermehrt Hinweise darauf, dass auch das genaue Gegenteil der Fall sein kann und Menschen mit Sodbrennen in Wirklichkeit an einem Magensäuremangel leiden. Betrachtet man die Funktionsweise des Magens, so ist diese Beobachtung nicht von der Hand zu weisen. Ein Magen, in dem ein Säuremangel vorherrscht, muss eine extra starke Arbeit leisten, um den Nahrungsbrei mit einer reduzierten Säuremenge effektiv zu vermischen. Er hat weniger »Säureressourcen« zur Verfügung als ein normaler Magen. Das bedeutet, dass er mehr Zeit für die Verdauung benötigt und stärkere Mischbewegungen ausführen muss, damit auch wirklich jeder Teil des Nahrungsbreis wenigstens etwas Säure abbekommt. Dadurch, dass die Nahrung länger im Magen verweilt, setzen dort Gärprozesse ein. Diese produzieren wiederum Säuren. So passiert es, dass Teile des Nahrungsbreis, die mit Säuren versetzt sind, aufgrund der starken Muskelkontraktionen des Magens in die Speiseröhre gepresst werden. Dort lösen sie das typische Gefühl des Brennens aus. Wenn in diesem Fall Medikamente genommen werden, die die Säureproduktion reduzieren, weil von einem Säureüberschuss ausgegangen wird, dann wird das Gegenteil von dem erreicht, was bewirkt werden sollte. Der Körper reagiert noch stärker auf den Magensäuremangel und es kommt zu noch stärkeren Muskelkontraktionen.

Eine andere Erklärung, die im Zusammenhang mit Magensäuremangel steht, entstammt der Biochemie. Demnach kommen aufgrund von zu wenig Magensäure unverdaute oder nur unzureichend verdaute Eiweiße in den Darm, wo unter anderem Histamin entsteht. Histamin ist ein Naturstoff, der als Gewebshormon und Neurotransmitter wirkt. Er spielt bei allergischen Reaktionen eine Rolle, ist Teil des Immunsystems und zuständig für die Regu-

2. »VOLKSKRANKHEIT« SODBRENNEN

lierung der Magensäureproduktion. Das auf diese Weise entstandene Histamin führt dazu, dass die sogenannte DAO-Kapazität (ein Abbau-Enzym) zu schnell aufgebraucht wird. Es kommt in der Folge zu einer Histaminintoleranz. Typische Symptome sind Hautausschlag, Kopfschmerzen, Durchfall, Fließschnupfen, Herzklopfen, Brechreiz – und eben auch Sodbrennen.

Risikofaktoren
Über die genauen Ursachen des Magensäuremangels wird noch geforscht. Die Beobachtung, dass ein Mangel an Magensäure mit bestimmten Erkrankungen oder Begleitsymptomen einhergeht, lässt ursächliche Zusammenhänge möglich erscheinen. Zu den Krankheiten und Risikofaktoren gehören unter anderem Nebennierenschwäche, ein Alter ab 60 aufwärts, Glutenintoleranz, Laktoseintoleranz, Morbus Crohn, erhöhte Darmpermeabilität (Durchlässigkeit), Schilddrüsenunterfunktion, Stress, Umweltgifte, Schwermetallvergiftungen, Übergewicht und Untergewicht.

Machen Sie den Test!
Wenn Sie sich nicht sicher sind, ob Sie anhand der obigen Symptome unter einem Magensäuremangel leiden, können Sie einen einfachen Selbsttest durchführen, der in der russischen Medizin bekannt ist: Essen Sie ungekochte Rote Beete, zum Beispiel als Salat, oder trinken Sie ein Glas Rote-Beete-Saft (100 ml). Wenn sich daraufhin Ihr Harn oder Stuhl rot oder rötlich färbt, können Sie davon ausgehen, dass Sie unter einem Magensäuremangel leiden. Hierbei muss jedoch gesagt werden, dass Rotfärbungen der Ausscheidungen nach dem Verzehr großer Mengen Roter Beete normal sind. Die Verfärbungen treten jedoch verstärkt auf, wenn der Eisenstoffwechsel gestört ist – dies hängt mit dem Magensäuremangel zusammen.

    Wenn Rote Beete im Labor mit Salzsäure vermengt wird, verliert sie nicht wie andere Lebensmittel ihre Farbe, sondern färbt sich bräunlich-matt. Dies liegt daran, dass der rote Farb-

2.2 WAS FÜHRT ZUM BRENNEN?

stoff Betanin weitgehend unverändert bleibt. Deswegen werden Betanin-Lösungen auch als Indikatoren zur Messung von pH-Werten genutzt. Violette Lösungen bedeuten ein stark saures Milieu. Rote Lösungen zeigen ein Milieu ab einem pH-Wert von 4. Betanin bleibt so stabil, weil es antioxidativ ist. Da es unter Laborbedingungen in Salzsäure seine Eigenschaften weitgehend behält, kann angenommen werden, dass dies auch im Magen der Fall ist. Daher sind die Rotfärbungen der Ausscheidungen normal. Wenn diese aber schon nach dem Verzehr kleinerer Mengen sehr stark auftreten, ist dies ein Hinweis auf einen Magensäuremangel. Denn dann verringert die antioxidative Wirkung des Betanins unter anderem die Oxidation von Eisen und es ist nicht genug Magensäure vorhanden, um für einen ausreichend starken Oxidationsprozess zu sorgen. Das Eisen wird nicht richtig verstoffwechselt und mit dem Farbstoff ausgeschieden. Oxidiertes Eisen kann nämlich nicht über die Nieren abgegeben werden. Bei ausreichender Oxidationswirkung im Magen würde es daher auch keine Verfärbungen im Urin oder Stuhl geben.

Da dieser Test noch keiner wissenschaftlichen Untersuchung unterzogen wurde, sollten seine Ergebnisse nicht absolut gelten, sondern als Impulse für die eigene Körperwahrnehmung verstanden werden. Wer ganz genau wissen möchte, wie viel Salzsäure sich in seinem Magen befindet, sollte sich an einen Gastroenterologen wenden, der eine Magensaftuntersuchung oder eine Magenspiegelung durchführt.

Magensäureüberschuss

Meist wird von einem Überschuss an Magensäure ausgegangen, wenn die Säure zurück in die Speiseröhre fließt. Deswegen gibt es auch entsprechende Medikamente zur Senkung des Säurespiegels im Magen bzw. zur Reduzierung der Säureproduktion. Sofern aber keine eindeutige Diagnose eines Überschusses vorliegt, sollten solche Medikamente nur mit äußerster Vorsicht eingenommen werden, da sie den Säurehaushalt im Körper ver-

2. »VOLKSKRANKHEIT« SODBRENNEN

ändern und sich schnell ein Magensäuremangel bilden bzw. ein bereits vorhandener Mangel verstärkt werden kann.

Ursachen für zu viel Magensäure
Im Magen wird neben der Salzsäure auch Hydrogencarbonat erzeugt. Dieses legt sich über die Magenschleimhaut, um sie vor der Säure zu schützen. Das Carbonat ist basisch und kann die Eigenschaften der Säure neutralisieren. Damit die Schutzfunktion einwandfrei erhalten bleibt, produziert der Magen immer so viel Carbonat, wie der Körper gerade benötigt, um im Magen einen Puffer zwischen der Säure und der Schleimhaut aufrechtzuerhalten. Weil Säuren nicht nur im Magen vorkommen, sondern auch in anderen Körperzellen bei Stoffwechselvorgängen produziert werden, gelangt ein gewisser Anteil des Carbonats in die Blutbahn, um körpereigenes Gewebe und die Organe zu schützen. Auch hier wirkt es wie ein Puffer. Wenn im Körper nun eine chronische Übersäuerung vorliegt, muss die Pufferwirkung entsprechend verstärkt werden, um den hohen Säuregehalt neutralisieren zu können. Deshalb produzieren die Magenschleimhautzellen vermehrt Hydrogencarbonat. Damit einher geht eine verstärkte Säurebildung im Magen, weil beide Prozesse miteinander zusammenhängen und sich wechselseitig beeinflussen. Das heißt, es wird Magensäure produziert, obwohl diese überhaupt nicht notwendig ist. Die Folge ist eine chronische Übersäuerung des Magens, die eine Folge einer bereits vorhandenen Übersäuerung von Gewebe oder Blut ist.

Schlechte Ernährung und Stress führen zur Übersäuerung
Eine ungünstige Ernährungsweise kann genau wie ein Übermaß an Stress zur Übersäuerung des Körpers führen bzw. direkt dafür sorgen, dass zu viel Magensäure produziert wird. Dadurch kann die Säure leichter Richtung Speiseröhre fließen und die dortigen Zellen angreifen, die nicht durch Puffersubstanzen geschützt werden. Ob und inwieweit sich ein Magensäureüberschuss

2.2 WAS FÜHRT ZUM BRENNEN?

entwickelt, hängt von den Nahrungsmitteln ab, die konsumiert werden. Wenn Sie zu viele säurehaltige Nahrungsmittel aufnehmen, steigt das Risiko einer Übersäuerung genauso, wie wenn Sie sich immer wieder in stressige Situationen begeben. Für das reibungslose Funktionieren des Körpers ist ein ausgeglichener Säure-Basen-Haushalt notwendig. Bestimmte Bereiche, wie zum Beispiel der Dickdarm, müssen sauer sein. Andere Bereiche, wie zum Beispiel das Blut oder der Dünndarm, müssen basisch sein. Der Körper regelt das Säure-Basen-Gleichgewicht von selbst. Wird dem Körper jedoch ein Übermaß schädlicher Stoffe zugeführt, kann er seine Regulierungsfunktion nicht mehr im vollen Umfang ausführen. Es kommt zu Ungleichgewichten, meist zu einer Übersäuerung. Darum sollten vor allem säurebildende Nahrungsmittel wie tierische Eiweiße, Milch, Alkohol, Cola oder Süßspeisen möglichst gemieden werden.

Typische Symptome eines Magensäureüberschusses
Da ohne fachliche Untersuchung keine eindeutige Antwort auf die Frage gegeben werden kann, ob ein Mangel oder ein Überschuss an Magensäure vorliegt, sind die folgenden Symptome nur als Hinweise zu deuten und sollten keinesfalls die Basis für eine Selbstmedikation bilden. Sprechen Sie mit dem Arzt Ihres Vertrauens über sämtliche beobachtbaren Symptome und verschaffen Sie sich so mehr Klarheit über Ihren Körper!

Ein Magensäureüberschuss geht in der Regel mit Übelkeit, Erbrechen, Bauchschmerzen, Blähungen, Völlegefühl und saurem Aufstoßen bzw. Sodbrennen einher. Der Auslöser für diese Symptome ist eine Schädigung der Magenschleimhaut und des Zwölffingerdarms. Beide können nicht mehr ausreichend vor der übermäßigen Säureproduktion geschützt werden.

Treten die Symptome nur kurzzeitig auf, bleibt die Störung meist ohne Folgen. Wenn Sie jedoch immer wieder unter den genannten Symptomen leiden, kann es zu einer dauerhaften

2. »VOLKSKRANKHEIT« SODBRENNEN

Schädigung des Magens kommen, da dieser ständig den Säureangriffen ausgesetzt ist. Eine Magenschleimhautentzündung oder Magengeschwüre sind hierbei die häufigsten Folgeerkrankungen. In jedem Fall sollte auf magenreizende Nahrungsmittel oder Lebensgewohnheiten verzichtet werden.

Stress und Übersäuerung
Viele negative Lebensgewohnheiten hängen mit Stress zusammen. Wer schon Kleinigkeiten immer wieder zum Anlass nimmt, sich aufzuregen, verschleißt seine Energie genauso wie jemand, der ständig in seinen Gedanken die schlimmsten Ereignisse vorhersieht. Wenn Sie länger einer stressigen Situation ausgesetzt sind, kommt es zu Veränderungen in Ihrem Hormonhaushalt. Cortisol, Adrenalin und Noradrenalin werden verstärkt ausgeschüttet. Diese beeinflussen die Atmung, Verdauung und Durchblutung. Je aufgeregter Sie sind, desto schwerer wird Ihnen das Atmen fallen. Wenn Atmung, Verdauung und Durchblutung beeinträchtigt sind, kommt es zur Übersäuerung, weil die säurebildenden Stoffe nicht ordnungsgemäß verarbeitet oder ausgeschieden werden können. Sie werden im Gewebe eingelagert, bis der Körper wieder über genug Energie verfügt, diese Stoffe zu verarbeiten.

Beobachten Sie sich daher selbst und versuchen Sie, bestimmte Verhaltensmuster an Ihnen zu entdecken, die unmittelbar zu einer Übersäuerung führen oder mit dieser zusammenhängen. Wenn Sie das nächste Mal wütend werden, achten Sie darauf, wie und was sich in Ihrem Körper verändert. Wo kommt es zu Druckgefühlen, wo zu Mangelgefühlen? Verkrampft sich womöglich Ihr Bauch? Tun Sie dasselbe mit Ihrer Ernährung: Beobachten Sie die Reaktionen Ihres Körpers auf bestimmte Nahrungsmittel und Essgewohnheiten.

Reflux
Sodbrennen wird häufig auf die Refluxkrankheit zurückgeführt oder die Begriffe werden synonym verwendet. Beides ist nur

2.2 WAS FÜHRT ZUM BRENNEN?

teilweise richtig, denn nicht jedes Sodbrennen zeigt gleichzeitig diese Krankheit an. Zwar bedeutet das Wort Reflux »Rückfluss«, sodass jeder Rückfluss von Magensäure in die Speiseröhre als Reflux bezeichnet werden kann, aber im weiteren Sinne meint die Refluxkrankheit jenes für die ICD-10 relevante Krankheitsbild, bei welchem Sodbrennen nur ein Leitsymptom ist.

GERD kündigt sich an
Die Refluxösophagitis ist nicht nur durch das Sodbrennen gekennzeichnet. Die Erkrankung kann auch ohne Sodbrennen ihren Verlauf nehmen. Andere Hinweise auf die Refluxkrankheit sind unspezifische Schmerzen in der Brust oder im Oberbauch. Da diese Schmerzen auch bei Herzerkrankungen auftreten können, ist eine ärztliche Untersuchung dringend anzuraten. Folgeerkrankungen, die auf GERD hinweisen, sind Kehlkopfentzündungen oder chronischer Husten. Besonders Betroffene, die viel mit ihrer Stimme arbeiten, neigen aufgrund der Reizung durch die Magensäure im Hals- und Rachenbereich zu chronischen Kehlkopfentzündungen. Wer häufig Luft aufstößt oder übermäßig viel Luft schluckt, kann ebenfalls von der Refluxösophagitis betroffen sein. Blähungen, Schluckbeschwerden, Rückfluss von Nahrungsresten, salziger oder seifiger Geschmack im Mundraum nach dem Aufstoßen, Schlafstörungen und allgemeine Schmerzen beim Essen oder Beschwerden beim Bücken oder im Liegen können genauso auf GERD hinweisen wie Halsschmerzen, häufiges Räuspern oder pfeifende Atemgeräusche.

Wenn das Atmen schwerer wird
Vielleicht fragen Sie sich, wieso es bei der Refluxkrankheit so viele Symptome gibt, die den Atmungsorganen zugeordnet sind. Diese haben schließlich nichts mit dem Magen oder der Speiseröhre zu tun? Irrtum! GERD kann sich wie eine herkömmliche Erkältung anfühlen oder die Symptome können fehlgedeutet werden und einen Herzinfarkt ankündigen. Es ist äußerst schwer,

2. »VOLKSKRANKHEIT« SODBRENNEN

die Refluxkrankheit nur anhand der Symptome zu erkennen, da diese sehr unspezifisch sind. So ist es auch mit den »Atem-Symptomen«. Der Eingang der Speiseröhre und der Eingang der Luftröhre liegen nah beieinander. Gelangt Nahrung oder Flüssigkeit in die Luftröhre, haben Sie dies in den »falschen Hals gekriegt« und husten es heraus. Wenn das Ganze umgekehrt verläuft, wird es problematisch: Saure Flüssigkeit aus dem Magen schwappt zurück in die Speiseröhre. Von dort kann sie bis zum Rachen hinaufstoßen, und von dort ist es nur ein kurzer Weg in die Luftröhre. Wenn dies nur ab und zu passiert, ist das nicht tragisch. Wenn es aber häufig auftritt, kommen die atemwegsspezifischen Symptome von GERD zum Vorschein. Beobachten Sie Ihren Körper! Stellen Sie fest, ob Sie vor allem nachts zu den erwähnten »Atem-Symptomen« neigen. Nachts bzw. wenn Sie schlafen, kann der Reflux stärker werden, weil Sie flach liegen. Dadurch ist Ihr Magen höher als Ihre Speiseröhre gelagert. Das vereinfacht den Rückfluss der Magensäure bis in den Rachen. Von dort fließt die Magensäure Richtung Luftröhre, da diese geöffnet ist und so gut wie keinen Widerstand bieten kann. Es kann schon helfen, die Schlafposition zu verändern oder abends nur wenig zu essen, damit nicht zu viel Nahrungsbrei zu starken Druck auf den Schließmuskel zwischen Speiseröhre und Magen ausüben kann.

Ursachen und Risikofaktoren
Der Auslöser für Reflux-Beschwerden ist eine Funktionsstörung des Magenschließmuskels. Die Ursachen für diese Funktionsstörung können unterschiedlicher Natur sein und hängen mit mehreren Risikofaktoren zusammen. Dazu gehören vor allem das Rauchen, Übergewicht und Fettleibigkeit, säurefördernde Nahrungsmittel, Stress, Magen-Darm-Schwäche bzw. diverse Verdauungsstörungen. Auch hier sollten Sie sich selbst auf mögliche Ursachenzusammenhänge untersuchen: Bei welchen

2.2 WAS FÜHRT ZUM BRENNEN?

Nahrungsmitteln werden die Symptome besonders stark? Wie schlafen Sie? Wie fühlt sich Ihr Bauch nach dem Rauchen an? In der Fachliteratur werden zwei weitere gängige Ursachen angeführt: Es kann einerseits der Fall sein, dass der Ausstoß an Magensäure so groß ist, dass die Peristaltik (Muskelbewegung) der Speiseröhre ihn nicht bewältigen kann. Es kann aber auch andererseits der Fall sein, dass die Peristaltik bereits durch andere Ursachen beeinträchtigt ist, sodass sie schon den normalen Ausstoß an Magensäure nicht zurückführen kann.

Bruch des Zwerchfells
Wenn der Schließmuskel nicht mehr richtig arbeitet, ist das ein Hinweis auf die axiale Hiatushernie, ein gebrochenes Zwerchfell. Reflux-Symptome, besonders aber das Sodbrennen, sind maßgebliche Hinweise auf diese Erkrankung. Bei einer axialen Hiatushernie verlagert sich der Mageneingang in den Brustraum. Dies ist möglich, weil das Zwerchfell gebrochen ist und somit eine Lücke preisgibt, durch die sich der Magen drücken kann. Es gibt noch andere Formen des Zwerchfellbruchs, aber die axiale Form ist die häufigste. Kommt es zu der Verschiebung des Magens in den Brustraum, kann der Schließmechanismus der Speiseröhre nicht mehr einwandfrei funktionieren. Bei 90 % der Betroffenen gibt es keinerlei Symptome. Bei den restlichen 10 % treten die Reflux-Symptome auf.

In der Regel wird der Zwerchfellbruch erst behandelt, wenn die Symptome der Refluxkrankheit sehr stark sind und eine deutliche Einschränkung der Lebensqualität vorliegt. Es wird meist symptomorientiert behandelt. Ursachenorientierte Therapien sind operative Eingriffe, die entweder eine Magenmanschette um den Mageneingang herum bilden oder den Magen in seine natürliche Position zurückverlagern. Dies geht mit einer sogenannten Fixation einher. Der Magen wird also angeheftet, um einer nochmaligen Verschiebung vorzubeugen.

2. »VOLKSKRANKHEIT« SODBRENNEN

Hypersensitiver Ösophagus

Wenn Sie unter Sodbrennen leiden und keine der bislang beschriebenen Diagnosen gestellt werden kann, liegt möglicherweise eine Übersensibilität Ihrer Organe, insbesondere der Speiseröhre, vor. Im medizinischen Englisch gibt es hierfür die Abkürzung EVH. Sie steht für »esophageal visceral hypersensitivity«. Sinngemäß können Sie dies als »Eingeweide-Überempfindlichkeit der Speiseröhre« übersetzen. Es handelt sich um ein Phänomen, bei welchem die Nervenversorgung der Speiseröhre nicht korrekt funktioniert, sodass die Betroffenen die Reize, die auf die Speiseröhre einwirken, verstärkt wahrnehmen. Der Defekt kann entweder direkt im Gewebe vorhanden sein oder auf dem Weg zum Gehirn.

Sollten Sie unter einer überempfindlichen Speiseröhre leiden, kann es sein, dass Sie entweder schon Reize spüren, die Gesunde noch nicht spüren, oder dass Sie einen gleichen Reiz stärker als Schmerz interpretieren als Gesunde. Wenn Sie Sodbrennen haben, aber es keine Hinweise auf eine Speiseröhrenschädigung gibt, können Sie davon ausgehen, dass Sie unter NERD leiden. NERD ist dann der Ausdruck Ihrer Hypersensitivität gegenüber Säure. Es spricht vieles dafür, dass eine überhöhte Sensitivität gegenüber Säure, nicht aber gegenüber mechanischen Reizen typisch für NERD-Patienten ist. Eine Säure-Überempfindlichkeit ermöglicht den Schluss auf eine neuronale Störung der Speiseröhre, aber sie kann diese nicht beweisen. Das heißt, dass Sie die Hypersensibilität erst einmal nur als Beobachtung registrieren sollten.

Nebenwirkungen von Medikamenten

In der naturwissenschaftlichen Medizin gibt es eine Vielzahl an Medikamenten, die säurebedingte Wirkungen im Körper auslösen können. Zu den gebräuchlichsten Mitteln zählen Medikamente gegen Herz-Kreislauf-Probleme, Asthma oder psychische Störungen. Aber auch einige Schmerzmittel, Rheumamittel oder

2.2 WAS FÜHRT ZUM BRENNEN?

Verhütungsmittel wirken säurefördernd und können ein entsprechendes Milieu bedingen. Wenn Sie also diese Formen von Medikamenten einnehmen, lesen Sie unbedingt die Beipackzettel und prüfen Sie die Angaben zu den Nebenwirkungen. Sollte Sodbrennen während der Medikamenteneinnahme auftreten, besprechen Sie dies am besten mit Ihrem Hausarzt und lassen Sie überprüfen, ob es sich um eine Nebenwirkung der Medikamente handelt.

Wie kommt es zur Nebenwirkung Sodbrennen?
Was die genauen Auslöser und Ursachen sind, die zur Nebenwirkung Sodbrennen führen können, ist nur teilweise erforscht. Dies mag nicht zuletzt an der Vielzahl der Medikamente liegen, die unterschiedliche Wirkungen auslösen und auf jeweils eigenen chemischen Reaktionen fußen. Bei den Asthmamedikamenten, die mit dem Wirkstoff Beta-2-Sympathomimetikum funktionieren, ist jedoch eine Erklärung möglich: Dieses Medikament führt zu einer Entspannung der glatten Muskulatur. Diese Muskelform kommt sowohl in den Atemwegen als auch im Bereich des Schließmuskels zwischen Magen und Speiseröhre vor. Durch die Entspannung erschlafft die betroffene Muskulatur und der saure Mageninhalt kann einfacher in die Speiseröhre zurückfließen.

Sollten Sie ein Anticholinergikum (ein Wirkstoff unter anderem gegen Übelkeit oder bei überaktiver Blase) einnehmen, kann es zu ähnlichen Problemen kommen: Ihr autonomes Nervensystem, welches die Atmung und Verdauung reguliert, kann in seiner Funktionsweise eingeschränkt werden, weil die Wirkung von Acetylcholin (ein Neurotransmitter zur Erregungsübertragung zwischen Nerv und Muskel) gehemmt wird. So werden die Nervenreize, die zur Kontraktion der glatten Muskulatur führen, unterbrochen. Das Risiko für Sodbrennen bzw. Refluxkrankheit steigt.

Bei der Einnahme von blutdrucksenkenden Mitteln kommt es zu ähnlichen Erscheinungen. In der Regel werden Kalziumantagonisten, Diuretika und Betablocker verschrieben. Die Kalziumantagonisten sorgen für eine Entspannung und Erweiterung der Blutgefäße. Die Diuretika erhöhen die ausscheidbare Urinmenge und reduzieren so die gespeicherte Flüssigkeit im Körper. Die Betablocker verringern den Druck, mit welchem das Herz Blut in die Arterien pumpt, und hemmen die Aktivität der Beta-Adrenorezeptoren (diese sind Zellen, die unter anderem die Stärke regulieren, mit der sich die glatte Muskulatur zusammenzieht). Betablocker kommen meist zum Einsatz, wenn es darum geht, unnatürlich hohe Frequenzen zu reduzieren – zum Beispiel zu schnellen Herzrhythmus oder zu hohen Blutdruck. Da sie auch die glatte Muskulatur beeinflussen, wirken sie direkt am Schließmuskel.

Viele Wirkstoffe, die in Schmerzmitteln zum Einsatz kommen, sorgen nicht nur für wohltuende Schmerzlinderung, sondern tragen auch zu physischer Entspannung bei. So steigt das Risiko einer Refluxkrankheit, da die Aktivität der Muskulatur reduziert und die Schnittstelle zwischen Magen und Speiseröhre gelockert wird. Dies ist auch bei Beruhigungsmitteln der Fall. Vielleicht haben Sie schon einmal solche Medikamente eingenommen; dann wissen Sie um die mentale Wirkung der Beruhigungsmittel. Doch was im Geist geschieht, vollzieht sich auch im Körper. Alles wird ruhiger! So auch die Peristaltik. Die Folge ist ein verlängerter Aufenthalt des Nahrungsbreis im Magen, welcher einen ständigen Druck gegen den Schließmuskel aufbauen kann.

Hormonpräparate mit künstlichen Östrogenen
Studien haben gezeigt, dass Frauen vor den Wechseljahren stärker zu Sodbrennen neigen als nach den Wechseljahren. Frauen, die sich während oder nach den Wechseljahren einer Hormonersatztherapie unterziehen, neigen verstärkt zur Refluxkrankheit. Wenn Frauen nach den Wechseljahren ausschließlich Östrogene einnehmen, verdoppelt sich die Häufigkeit der Refluxerkrankung gegenüber Frauen, die keine Hormone einnehmen. Eine weitere

2.2 WAS FÜHRT ZUM BRENNEN?

Studie ergab, dass adipöse (übergewichtige) Frauen, die Östrogene bekommen, 33-mal häufiger an GERD leiden als Frauen mit Normalgewicht und ohne Hormontherapie. Damit scheint es eindeutige Zusammenhänge zwischen den künstlichen Hormonen und der Auftrittswahrscheinlichkeit von Sodbrennen zu geben. Problematisch bei der Verwendung von Hormonpräparaten ist, dass es sich um keine echten Hormone handelt, sondern um Arzneimittelverbindungen mit hormonähnlicher Wirkung. Das heißt, sie ähneln den körpereigenen Hormonen nur, sind aber mit ihnen nicht identisch. In ihrem Aufbau weichen sie von den natürlichen Hormonen ab, sodass der Körper sie nicht richtig deuten kann. Die Rezeptoren reagieren daher anders als bei bioidentischen Hormonen. Bei Wechseljahresbeschwerden wird gerne zur Hormontherapie geraten, doch die künstlichen Stoffe können den Körper dauerhaft schädigen, da sie nicht ordnungsgemäß über den Stoffwechsel abgebaut werden können. Sodbrennen oder Reflux sind dabei nur ein kleiner Auszug aus der Fülle an Folgestörungen.

Medikamente auf Wirkstoffe prüfen
Wenn Sie wissen möchten, ob Ihre Medikamente Sodbrennen oder Reflux begünstigen, suchen Sie neben der Auflistung von möglichen Neben- oder Wechselwirkungen auf dem Beipackzettel nach den Wirkstoffen. Denn diese führen – wie der Name schon sagt – zu bestimmten Wirkungen. Hilfestellungen finden Sie dazu im Internet. Beispielsweise bietet der Online-Service der *Apotheken-Umschau* eine umfassende Auflistung von Wirkstoffen, Medikamenten und deren Wirkungsweisen sowie Einnahmehinweisen an.[4] Sie können auch einen Medikamentencheck durchführen und Wechselwirkungen oder Beipackzettel online abrufen.[5]

---

4   o. A. 2014, www.apotheken-umschau.de, Link im Quellenverzeichnis.
5   o. A. 2013, www.apotheken-umschau.de, Link im Quellenverzeichnis.

2. »VOLKSKRANKHEIT« SODBRENNEN

Das Arzneitelegramm ermöglicht Ihnen den Zugriff auf 45 Jahre Informationen zu den verschiedensten Medikamenten.[6] Im Vordergrund steht das neutrale Abwägen von Vor- und Nachteilen, Nutzen und Risiken. Rainer Bubenzer hat eine Liste an Wirkstoffen zusammengefasst, die mit Sodbrennen im Zusammenhang stehen.[7] Das Portal bietet darüber hinaus eine Fülle an weiteren Informationen rund um das Thema Sodbrennen. Betreiber ist die Firma multi MED vision GbR.

Sonderfall: Schwangerschaft

Die Schwangerschaft ist ein ganz eigener Sonderfall, der zu Sodbrennen führen kann. Nicht, dass jede Schwangere emotional sauer ist, aber die physischen Veränderungen durch die Schwangerschaft haben einen großen Einfluss auf Essgewohnheiten und Stoffwechsel bzw. Verdauung. Natürlich verändert sich auch die Stimmungslage, aber »sauer« werden Frauen in den wenigsten Fällen. Immerhin werden während der Schwangerschaft Glückshormone freigesetzt, sodass sich die werdende Mutter noch mehr auf ihr Kind freuen kann.

Diese Freude kann allerdings durch unangenehme Begleiterscheinungen eingeschränkt werden. In der Schwangerschaft ist dies oftmals die Refluxkrankheit. Das heißt, Sodbrennen kommt sehr häufig vor. Doch wieso ist das so? Sind Schwangere eine besondere Risikogruppe? Während Übelkeit und Erbrechen während der Schwangerschaft weitgehend als Normalität anerkannt sind, führt das Sodbrennen ein Schattendasein, obwohl es überhaupt nicht selten ist. Circa 25 % der Schwangeren haben mindestens ein Mal am Tag Sodbrennen. 50 % der Schwangeren spüren hinter ihrem Brustbein unangenehme Gefühle.

---

6 o. A. 2015, www.arzneitelegramm.de, Link im Quellenverzeichnis.
7 Bubenzer (o. J.): www.sodbrennen-welt.de,
   Link im Quellenverzeichnis.

2.2 WAS FÜHRT ZUM BRENNEN?

Ursachen für das Schwangerschaftssodbrennen
Durch die Entwicklung des Ungeborenen im Mutterleib kommt es zu Veränderungen an den inneren Organen der Frau. Sowohl die Lage als auch die Größe passen sich dem neuen Umstand an. Die Gebärmutter kommt im Verlauf der Schwangerschaft immer weiter nach oben, bis sie gegen den Magen drückt. Dieser verändert zwangsläufig seine Form und presst sich gegen das Zwerchfell. So kann es zu einem Bruch desselben kommen, was zur Öffnung des Schließmuskels führt, sodass Magensäure in die Speiseröhre zurückfließen kann.

Während die Glückshormone sprudeln und eigentlich nichts dafür sorgen kann, dass die werdende Mutter »sauer« wird, kommt es zu einer gesteigerten Produktion der Sexualhormone Östrogen und Progesteron. Das Östrogen beginnt schon weit vor der Schwangerschaft seine Arbeit, indem es die Reifung der weiblichen Geschlechtsorgane anregt, die Regelblutung steuert und dafür Sorge trägt, dass alle vier Wochen eine Eizelle aus den Eierstöcken kommt. Das Progesteron hindert den Körper daran, eine zweite Eizelle ins Rennen zu schicken. Es stärkt während der Schwangerschaft die Gebärmutterwand und ist an der Entwicklung von Blutgefäßen beteiligt, die den Fötus versorgen. Die beiden Sexualhormone wirken darüber hinaus sozusagen als »Masseure«: Sie tragen nämlich zur Entspannung der Muskeln bei. Dies ist notwendig, damit sich die Gebärmutterwand besser dehnen kann. So ist immer ausreichend Platz für den Fötus vorhanden. Allerdings werden nicht nur Muskeln im Unterbauch entspannt, sondern auch im Oberbauch, und zwar der Schließmuskel zwischen Magen und Speiseröhre, die Muskeln der Speiseröhre, die Magenmuskulatur und die Muskeln im Dünn- und Dickdarm. In diesem Bereich können die Hormone dazu beitragen, die Funktionsweisen der Muskeln einzuschränken. Entweder ist die Muskelarbeit im Magen nicht ausreichend genug, um den Nahrungsbrei vollständig in den Darmtrakt weiterzuschieben, sodass der volle Magen gegen den Schließmuskel oder in eine

2. »VOLKSKRANKHEIT« SODBRENNEN

mögliche Zwerchfelllücke drückt. Oder die Speiseröhre kann die hineingeschobene Magensäure nicht wieder in den Magen zurückschieben, weil die Peristaltik zu schwach ist.

Vorsicht vor Untersuchungen
Wenn Sie schwanger sind, dann behandelt der Arzt im Grunde genommen nicht nur Sie, sondern gewissermaßen auch Ihr Ungeborenes. Das erschwert die Auswahl geeigneter Diagnose- und Therapiemaßnahmen, weshalb die gängigen Verfahren nur im Notfall angewendet werden sollten. Je nachdem, wie erfahren Ihr Arzt ist, kann es schon ausreichen, ihm Ihre Symptome zu schildern, damit er auf deren Basis beispielsweise die Diagnose GERD stellen kann. Gerade die standardisierten Magenuntersuchungen wie eine Endoskopie sollten unterlassen werden, da unter Umständen der Fötus zu Schaden kommen kann. Wenn jedoch dringende und ernsthafte Symptome bestehen, kann der Nutzen das Risiko aufwiegen und im abgeklärten Einzelfall eine entsprechende Untersuchungsmethode angewendet werden. Bei der Refluxkrankheit wird auch die sogenannte Barium-Breischluck-Untersuchung angewendet. Dabei muss der Patient eine Lösung trinken, die sich auf die Innenwand der Speiseröhre legt. Danach wird eine Röntgenaufnahme gemacht. Die Bariumlösung ist für Röntgenstrahlen nicht durchlässig, sodass Schäden an der Speiseröhre auf dem Röntgenbild gesehen werden können. Die Gefahr während einer Schwangerschaft besteht in der Röntgenstrahlung, der das Ungeborene ausgesetzt werden würde.

Einfache Maßnahmen, die helfen können
Die Schwangerschaft sollte eine Schonzeit sein. Demzufolge sollte auch das auftretende Sodbrennen nicht zu ernst genommen werden. Wenn Sie Ihre Schwangerschaft erleichtern wollen, sollten Sie zunächst säurebildende Nahrungsmittel weglassen, nur in kleinen Häppchen essen und sich nach dem Essen für eine Stunde ausruhen. Legen Sie sich so hin,

2.3 FOLGEERKRANKUNGEN

dass Ihr Kopf höher als der Rest des Körpers liegt. Sie können dafür mehrere Kissen übereinander legen, damit die Magensäure unten bleibt und nicht nach oben schwappen kann. Denken Sie auch daran, weite Kleidung zu tragen, damit sich Ihr Körper bestmöglich ausdehnen kann. Vor allem am Bauch sollte genug Platz sein. Prüfen Sie diesbezüglich auch Ihre Unterwäsche. Sie können natürlich auch die weiter unten empfohlenen Hausmittel anwenden. Doch um unnötige Risiken auszuschließen, sollten Sie mit Ihrem Arzt das Vorgehen genau abklären. Das gilt auch für die Einnahme von vermeintlich unbedenklichen Mitteln wie zum Beispiel Magentabletten aus der Drogerie. Es gibt Präparate, die aus Magnesium oder Kalzium bestehen und weitgehend nebenwirkungsarm eingenommen werden können. Eine Rücksprache mit Ihrem Arzt ist wichtig, da viele dieser Mittel über einen hohen Natron-Anteil verfügen, der gerade in der Schwangerschaft schädlich wirken kann. Natron ist stark basisch und kann bei einer Überdosis ähnliche Effekte erzeugen wie zu große Mengen an Säuren.

2.3 Folgeerkrankungen:
Die Gefahr eines Flächenbrands

Auch wenn Sodbrennen in der Regel harmlos verläuft und von vielen nur als unangenehme Reaktion bei oder nach dem Essen wahrgenommen wird, besteht bei chronischem Sodbrennen die Gefahr von Folgeerkrankungen. Besonders die Speiseröhre reagiert empfindlich auf die Magensäure, da ihr ein natürlicher Schutz gegen Säureschäden fehlt. Um den Folgeerkrankungen vorzubeugen, ist es nicht nur notwendig, akutes Sodbrennen zu behandeln, sondern auch nach den Ursachen des Sodbrennens zu suchen und diese zu beseitigen. Hier können Sie als Betroffener viel selber tun. Sie können Ihre Ernährungsweise beobachten und gegebenenfalls verändern, Ihr Verhalten beobachten und

2. »VOLKSKRANKHEIT« SODBRENNEN

sich fragen, ob und wann Sie zu Stress neigen, Lebensgewohnheiten verändern, Medikamente einnehmen oder Maßnahmen der Volksmedizin anwenden. Es gibt also einiges, das Sie angehen können, um die Schäden im Zaum zu halten.

Schäden an der Speiseröhre
Wenn Magensäure immer wieder in die Speiseröhre fließt, kann es dort zu einer Entzündung kommen. Wenn auch diese unbehandelt bleibt, kann aus der Entzündung eine Geschwürbildung hervorgehen. Ebenso sind Blutungen möglich. Die Wunden in der Speiseröhre können zwar abheilen, aber dabei besteht die Gefahr der Narbenbildung. Wenn Sie an Ihrem Körper größere Narben haben, wissen Sie, wie diese aussehen und wie Sie sich von gesunder Haut unterscheiden. Narben bestehen aus Ersatzgewebe, das unter anderem hügeliger ist als normales Gewebe. Folglich können sie die normalen Körperfunktionen einschränken. Beispielsweise sterben nach einem Herzinfarkt Zellen des Herzmuskels ab. Je nach Größe der daraus resultierenden Narbe wird die Pumpleistung des Herzens eingeschränkt. So können sich Herzrhythmusstörungen entwickeln. Daher können die Narben in der Speiseröhre auch zu einer Verengung derselben führen. Des Weiteren können Veränderungen am Gewebe zu Verhärtungen führen, die ein Vorstadium von Speiseröhrenkrebs darstellen. Und so kann in letzter Konsequenz sogar der Speiseröhrenkrebs bisweilen auf unbehandeltes und jahrelang verschlepptes Sodbrennen zurückgeführt werden. Aber dieser Krankheitsverlauf ist äußerst selten, sodass hier Entwarnung gegeben werden kann. Sie sollten sich dennoch vor Augen halten, dass es besser ist, Probleme dann zu lösen, solange sie noch klein sind. Sodbrennen ist ein relativ kleines Problem im Vergleich zu Speiseröhrenkrebs!

Der Barrett-Ösophagus
Eine Folge der Refluxkrankheit kann der Barrett-Ösophagus sein. Dabei handelt es sich um eine Veränderung des Speiseröhrenge-

2.3 FOLGEERKRANKUNGEN

webes im unteren Teil des Organs. Die Krankheit zeichnet sich dadurch aus, dass sich eine andere Gewebeart über das ursprüngliche, aber zerstörte Gewebe legt. Diese Veränderung kann zur Bildung von Geschwüren und Speiseröhrenkrebs beitragen. Es handelt sich also um eine Krebsvorstufe. Von ihr sind vor allem Männer betroffen. Zu den signifikanten Risikofaktoren gehören ein erhöhter Alkoholkonsum und Rauchen. Besondere Symptome gibt es keine, sodass ohne entsprechende Untersuchung ein Barrett-Ösophagus nicht erkannt werden kann. Die Symptome der Refluxkrankheit können allerdings auch Symptome des Barrett-Ösophagus sein: also Schluckbeschwerden, saures Aufstoßen oder Aufstoßen von Nahrungsbrei. Eine medizinische Diagnose ist unerlässlich. Der Arzt führt bei Verdacht auf Barrett-Ösophagus in der Regel eine Speiseröhrenspiegelung durch und sucht nach veränderten bzw. geröteten Stellen in den unteren Bereichen. Dort wird er etwas Gewebe zur feingeweblichen Untersuchung entnehmen, um eine entsprechende Diagnose zu bestätigen.

Magenleiden

Als Begleitsymptom oder Folgestörung von Sodbrennen bzw. Reflux kann es zu Bauchschmerzen kommen. Diese sind meist eine Folge von zu hohem Magendruck. Dieser tritt in der Regel niemals allein auf, sondern immer in Begleitung mit anderen Symptomen und er ist auch durch unterschiedliche Ursachen bedingt. Da die genaue Lokalisation des Drucks für Laien nahezu unmöglich ist und es eine Fülle an Ursachen gibt, von denen Sodbrennen nur eine darstellt, sollten Sie einen Arzt Ihres Vertrauens aufsuchen, um schwerwiegende Krankheiten auszuschließen. Schließlich kann Magendruck auch ein Hinweis auf Schleimhautentzündungen oder Geschwüre sein.

Schäden in Mund und Atemwegen

Sodbrennen kann nicht nur in den unmittelbaren Wirkgebieten zu Folgeerkrankungen führen, sondern auch in etwas weiter entfern-

2. »VOLKSKRANKHEIT« SODBRENNEN

ten Körperregionen. Wenn Sie zum Beispiel schon länger unter einer Nasennebenhöhlenentzündung leiden und nicht wissen, wo diese herkommt, da Sie sich ansonsten gesund fühlen, kann die Ursache ebenfalls im Sodbrennen liegen. Ähnlich ist es, wenn Sie unter Asthma oder Lungenentzündungen leiden. Wenn Sie sich in solchen Fällen zu einem Arzt begeben, ist es ratsam, das Tun des Arztes zu reflektieren und sich über die Untersuchungs- und Therapieschritte zu informieren. Durch Ihre Rückmeldung tragen Sie dazu bei, Ihren Genesungsprozess zu beschleunigen: Denn es ist Teil der ärztlichen Kunst, die wirklichen Ursachen hinter Krankheitsmustern zu finden und nicht nur etwas gegen die Symptome zu tun. Helfen Sie ihm also, diese zu finden. Selbst wenn eine Nebenhöhlenentzündung eine eigenständige Krankheit ist, so ist sie im Falle des Sodbrennens nur ein Puzzlestück von mehreren. Ihr Arzt sollte dies wissen und kombinieren können – mit ausreichend Informationen von Ihnen machen Sie es ihm – und so auch letztlich sich selbst – leichter!

Atemwegserkrankungen
Auch wenn die genauen Zusammenhänge noch nicht gänzlich geklärt sind, gibt es nachweisbare Korrelationen zwischen bestimmten Krankheiten. Auffällig viele Patienten mit Refluxkrankheit leiden unter Lungen- und Bronchienerkrankungen. Chronischer Husten, Asthma, Lungenentzündungen, Bronchitis, Kehlkopfentzündungen, Rachenentzündungen, Reizhusten oder auffällige Vernarbungen von Lungengewebe können in einem direkten Zusammenhang mit der Refluxkrankheit – und damit auch mit Sodbrennen – stehen. 2002 haben John DiBaise und seine Kollegen vom University of Nebraska Medical Center eine Studie durchgeführt, mit der sie nachweisen konnten, dass es einen direkten Zusammenhang zwischen der Nasennebenhöhlenentzündung und GERD gibt.[8] Elf Patienten, die unter chronischer

---
8   DiBaise et al. 2002, S. 843–850.

2.3 FOLGEERKRANKUNGEN

Sinusitis (Entzündung der Nasennebenhöhlen) litten und bei denen weder Antibiotika-Therapien noch Operationen eine vollständige Heilung brachten, hatten gleichzeitig einen sehr hohen Säuregehalt in der Speiseröhre oder regelmäßiges Sodbrennen. Ihnen wurde eine dreimonatige Reflux-Therapie verordnet. Mit der anschließenden Abnahme der Reflux-Symptome klangen auch die Sinusitis-Symptome ab. Allerdings konnte damit nur ein Zusammenhang zwischen beiden Erkrankungen nachgewiesen werden, eine eindeutige Ursachenzuschreibung aufgrund der geringen Teilnehmerzahl der Studie aber nicht. Auch der Zusammenhang zwischen Reflux und Asthma ist nicht eindeutig geklärt, obwohl es konkrete Korrelationen gibt. Ein Erklärungsmodell fußt auf der Idee, dass die Magensäure den Vagus-Nerv reizt, was zu einer Verengung der Bronchien führen kann. Denkbar wäre auch ein Rückfluss der Magensäure bis in die Lunge, wo es dann zu asthmatypischen Symptomen kommen kann.

Feuer speien – wenn GERD bis in den Mund gelangt
Wenn der saure Magensaft bis in den Rachen- und Mundbereich hineinläuft, wirkt er sich unmittelbar auf die gesamte Mundhöhle inklusive der Zähe aus. So können Karies oder Zahnfehlstellungen auf häufiges Aufstoßen zurückzuführen sein. Wenn Sie schon einmal unter Sodbrennen gelitten haben, wissen Sie sicherlich, wie streng der Mundgeruch werden kann. Der saure Geschmack der Magenflüssigkeit geht mit einem unangenehmen Geruch einher. Dies alles sind Hinweise darauf, dass das Milieu der Mundhöhle empfindlich gestört wurde. Normalerweise ist die Mundhöhle neutral. Sie hat einen pH-Wert von 7. Sinkt der pH-Wert, wird das Zahnfleisch gereizt und es kann zu Entzündungen kommen. Fataler wirkt die »Versäuerung« der Mundhöhle am Zahnschmelz. Dort kann es nämlich zu Erosionen kommen, was den Zahnschmelz so sehr schwächen kann, dass er beim Essen oder Zähneputzen stärker als üblich abgenutzt wird. Die Erosion wird durch den pH-Wert der Magensäure (knapp 1)

2. »VOLKSKRANKHEIT« SODBRENNEN

begünstigt, da durch ihn der pH-Wert im Mund unter 5,5 fällt. Wird der Zahnschmelz in größerem Umfang ausgespült, kann es neben Karies und Zahnfehlstellungen zu Zahnwanderungen oder zum Absenken des Bisses kommen. Bedenken Sie dabei stets, dass jeder Verlust von Zahnschmelz endgültig ist. Er kann nicht regeneriert werden. Wenn Sie also einem Abtragen des Zahnschmelzes vorbeugen wollen, verordnen Sie sich selbst eine strenge Mundhygiene, und zwar zusätzlich zu den Maßnahmen gegen Sodbrennen. Putzen Sie täglich Ihre Zähne, einschließlich der Zahnzwischenräume. Reinigen Sie Ihre Zunge und trinken Sie ausreichend klares Wasser. Mundspülungen oder Mundwasser sind zu vermeiden, da sie das natürliche Bakterien-Gleichgewicht der Mundhöhle verändern. Säurebindende Mundspüllösungen können jedoch problemlos genutzt werden.

2.4 Medizinische Diagnostik

Auch wenn Sodbrennen schnell ausgemacht werden kann, bedarf es gerade im Falle einer chronischen Störung einer genauen Untersuchung. Sie wissen zwar, dass Sie unter Sodbrennen leiden. Sie wissen in der Regel aber nicht, woher es kommt. Um diese Frage beantworten zu können, ist der Arzt da. Er verfügt über unterschiedliche Diagnoseverfahren, die er im Zusammenhang mit einer ausführlichen Anamnese einsetzen kann. Auch wenn die ausgeklügelten medizinischen Geräte schnell für Klarheit sorgen können, so sind es doch das Einfühlungsvermögen und der Erfahrungsschatz des Arztes, die ihm helfen, die Symptome des Patienten in ein sinnvolles Gesamtmuster zu setzen. Nur auf diese Weise kann er dem Patienten umfassende Ratschläge zur Lebensbewältigung geben, die über das bloße Verschreiben von Arzneien hinausreichen und helfen sollen, das Problem bei der Wurzel zu packen.

2.4 MEDIZINISCHE DIAGNOSTIK

Für eine Differenzialdiagnostik bei Sodbrennen oder GERD ist in erster Linie der Gastroenterologe verantwortlich. Er ist ein spezialisierter Internist, der sich mit dem Magen-Darm-Trakt sowie den damit verbundenen Organen beschäftigt. Sollte das Sodbrennen mit weiteren Symptomen einhergehen, kann beispielsweise bei Atemwegserkrankungen ein HNO-Arzt (Hals-Nasen-Ohren-Arzt) oder ein Pulmologe (Lungenfacharzt) konsultiert werden. Sie sollten sich jedoch zunächst an Ihren Hausarzt wenden und ihm die Symptome schildern. Er verfügt über einen Gesamtüberblick und kann Ihre Beschwerden einordnen und sie vor dem Hintergrund Ihrer bisherigen Krankheitsgeschichte deuten.

Säure-Tests für die Speiseröhre

Um GERD zu erkennen, muss der Arzt nicht gleich die schweren Geschütze auffahren. Er kann auch mit einigen kleineren Verfahren Erfolge haben. Die Säure-Tests sind solche eher einfacheren Verfahren und verfolgen den Zweck, den Säure-Haushalt des Patienten zu analysieren.

Bernstein-Test

Mit dem Bernstein-Test wird überprüft, wie die Schleimhaut der Speiseröhre auf zwei verschiedene Flüssigkeiten reagiert. Um zu sehen, ob eine chemische Überempfindlichkeit oder eine Säure-Überempfindlichkeit vorliegt, wird innerhalb von circa 20 Minuten die Speiseröhre mittels einer Magensonde zuerst mit einer Kochsalzlösung und anschließend mit einer Säurelösung beträufelt. Aufkommende Beschwerden werden notiert. Wenn Sie bei der Säurelösung Schmerzen bzw. Reflux-Symptome haben, ist dies ein Hinweis auf GERD.

Langzeitsäuremessung

Mit der Langzeitsäuremessung, auch 24-Stunden-pH-Metrie genannt, ist es möglich, rückläufigen Magensaft in der Speise-

2. »VOLKSKRANKHEIT« SODBRENNEN

röhre zu erfassen. So kann nicht nur der Reflux nachgewiesen, sondern auch die Menge des Rückflusses gemessen werden. Der Test kann zusätzlich im Magen die Säurebildung überprüfen. Damit können Magensäuremangel oder Magensäureüberschuss diagnostiziert werden. Wie der Name vermuten lässt, geht es um die Messung des pH-Wertes. Je niedriger dieser ist, desto saurer ist das Milieu. Salzsäure hat zum Beispiel einen pH-Wert von 1. Wenn in der Speiseröhre ein pH-Wert von 4 vorliegt, ist dies bereits ein Hinweis auf die Refluxkrankheit. Wenn Sie die nun folgende Beschreibung der Langzeitsäuremessung lesen, stellen Sie es sich bitte nicht zu bildhaft vor: Über die Nase wird ein Katheter in die Speiseröhre geleitet. Unter Umständen wird die Rachenschleimhaut betäubt, um den Würgereflex auszuschalten. Mit einem Röntgenbild wird die Lage des Katheters im Körper überprüft. Anschließend wird das Ende an der Nase mit einem Pflaster befestigt. Danach wird ein mobiles Aufzeichnungsgerät an den Katheter angeschlossen. Dieser bleibt 24 Stunden im Körper. Während dieser Zeit hält der Patient sämtliche Beschwerden schriftlich fest und notiert auch besondere Tätigkeiten wie Essen, Trinken oder Medikamenteneinnahme inklusive der jeweiligen Uhrzeit. Das Messgerät zeichnet unterdessen die Säurewerte und die Säuremenge auf.

Weitere Speiseröhren-Tests

Weil die Säure-Tests nicht immer eindeutige Hinweise auf GERD liefern, muss der Arzt bisweilen weitere Symptome ausfindig machen, um ein Krankheitsbild definieren zu können. Beim Sodbrennen ist die Speiseröhre ein besonders aussagekräftiges Organ, weshalb auch weitere Tests an ihr praktiziert werden.

Speiseröhrendruckmessung

Bei diesem Test wird der Druck in der Speiseröhre gemessen. Mit der sogenannten Manometrie können die Bewegungen der Speiseröhrenmuskulatur einschließlich des Schließmuskels zwi-

2.4 MEDIZINISCHE DIAGNOSTIK

schen Magen und Speiseröhre geprüft werden. Zur Messung des Drucks wird eine Drucksonde in die Speiseröhre eingeführt. Danach muss der Patient ein Glas Wasser trinken. Sofort kann überprüft werden, wie das Wasser in der Speiseröhre nach unten gelangt. Meist findet dieses Testverfahren Anwendung, wenn die Ärzte zu einer Operation des Schließmuskels tendieren und sich noch einmal vergewissern wollen, dass die Speiseröhrenmuskulatur ausreichend gut arbeitet. Wäre dies nicht der Fall, wäre eine Operation am Schließmuskel infrage gestellt.

Speiseröhrenspiegelung
Bei der Speiseröhrenspiegelung wird ein Endoskop in die Speiseröhre eingeführt, um krankhafte Veränderungen des Organs frühzeitig erkennen zu können. Das Endoskop ist dünn und flexibel, sodass es sich den Begebenheiten im Körper anpassen kann. Damit etwas im Inneren sichtbar wird, ist auch eine Lampe installiert, mit der die Speiseröhre ausgeleuchtet wird. Fällt dem Arzt etwas in der Speiseröhre auf, kann er sofort Gewebe zur Untersuchung entnehmen. Bei Verdacht auf die Refluxkrankheit kann mit der Spiegelung der Entzündungsgrad der Speiseröhre festgestellt werden.

Barium-Breischluck-Test
Wenn Sie häufig unter Reflux leiden oder Schluckbeschwerden haben, wird dieser Test eingesetzt. Barium ist ein Metall-Element, welches als Kontrastmittel in der Röntgendiagnose eingesetzt wird. Sie schlucken während der Untersuchung flüssiges Barium. Dieses verteilt sich in der Speiseröhre und bildet auf der Schleimhaut einen Film. Anschließend kann die Speiseröhrenschleimhaut mittels einer röntgenbasierten Durchleuchtung sichtbar gemacht werden. Mit diesem Test ist es möglich, die Röntgenstrahlung in Echtzeit aufzunehmen. Für den oberen Teil des Verdauungsapparates kann zudem eine Videokinematografie eingesetzt werden. Damit werden Videoaufzeichnungen von dem Fortgang des

2. »VOLKSKRANKHEIT« SODBRENNEN

Bariumbreis vom Mund bis in den Magen gemacht. Der Barium-Breischluck-Test kann auch für den Magen angewendet werden. Dies ist vor allem dann anzuraten, wenn die Speiseröhre schon so eng ist, dass eine Magenspiegelung nicht möglich ist. Der Barium-Breischluck-Test darf allerdings nicht eingesetzt werden, wenn ein begründeter Verdacht auf Löcher in der Speiseröhrenwand vorliegt. Der Brei könnte an diesen Stellen austreten und Entzündungen im Brustkorb auslösen. Auch sind Bauchfellentzündungen die Folge, wenn an irgendeiner Stelle des Magen-Darm-Traktes Perforationen vorhanden sind. Deshalb ist in solch einem Fall ebenfalls vom Barium-Breischluck-Test dringend abzuraten.

Erweitertes Speiseröhrenröntgen
Eine erweiterte Möglichkeit, zu diagnostischen Ergebnissen zu kommen, ist das Röntgen der Speiseröhre inklusive des Magens und Darms. Auch hier wird in der Regel vorher ein Bariumschluck genommen, um die inneren Organe gut sichtbar zu machen. Im Darm-Trakt wird vorrangig der Zwölffingerdarm untersucht. Damit der Arzt ein möglichst umfassendes Bild von Ihrem Innenleben erhält, müssen Sie während der Durchleuchtung unterschiedliche Positionen einnehmen. Durch die Ausweitung der Untersuchung auf Magen und Darm kann das vollständige Durchlaufen des Kontrastmittels beobachtet werden. So kann der Arzt Schluckvorgang, Peristaltik und Magenfüllung beurteilen.

Magen-Tests
Das Röntgen des Magens macht die inneren Konturen des Organs sichtbar. Doch mit der Etablierung der Endoskopie hat das Röntgen-Verfahren für den Magen weitgehend seine Bedeutung verloren. Mit dem endoskopischen Verfahren kann der Arzt nämlich effizienter arbeiten: Er kann sowohl in das Körperinnere blicken als auch dort sofort eingreifen und beispielsweise eine

2.4 MEDIZINISCHE DIAGNOSTIK

Gewebeentnahme durchführen. Das Röntgen kann jedoch in jenen Fällen helfen, in denen eine Magenspiegelung nicht möglich ist – zum Beispiel durch eine Verengung der Speiseröhre.

Magenspiegelung
Bei der Gastroskopie wird der Magen mithilfe einer Sonde untersucht. Der Vorgang ähnelt dem der Speiseröhrenuntersuchung mittels eines Endoskops und wird meist mit dieser zusammen ausgeführt, weshalb im Fachjargon auch von der Ösophago-Gastro-Duodenoskopie gesprochen wird. Wenn mit einem Endoskop gearbeitet wird, bietet es sich an, sämtliche Bereiche des oberen Teils des Verdauungstrakts zu untersuchen. Das sind die Speiseröhre, der Magen und der Zwölffingerdarm. Das Endoskop enthält eine Lichtquelle und eine Kamera. Ein kleiner Kanal im Schlauch des Endoskops erlaubt es, kleine Instrumente einzuführen, mit denen unter anderem die erwähnten Gewebeentnahmen durchgeführt werden können. Es gibt auch extra kleine Ultraschallgeräte, die an der Spitze von Endoskopen installiert werden können. Mit den Geräten können die Schichten der Magen- und Darmwand analysiert werden. Hier spricht man von der Endosonografie.

Untersuchung der Magenentleerung
Bei diesem Verfahren wird überprüft, wie schnell oder langsam der Magen den Nahrungsbrei weiterführt. Die Magenfunktionsszintigrafie ist ein Teilbereich der Nuklearmedizin und wird bei GERD-Patienten in der Regel nur dann verordnet, wenn die Patienten unter weiteren Krankheiten leiden oder ungeklärte Magenstörungen vorliegen. Zunächst müssen Sie bei der Untersuchung eine radioaktive Substanz zu sich nehmen. Anschließend wird ein Sensor auf Ihrem Bauch über dem Magen befestigt. Dieser ist in der Lage, radioaktive Materialien zu erkennen. Das Gerät zeigt an, ob sich die geschluckte Substanz noch im Magen befindet und wann sie weitergeleitet wird.

2. »VOLKSKRANKHEIT« SODBRENNEN

Helicobacter-Check
Das Bakterium Helicobacter pylori kann zu Magenschleimhautentzündung führen. Reflux-Symptome sind meist die Folge. Um hier eine differenzierte Diagnostik vorzunehmen, kann der Arzt seine Patienten auf dieses Bakterium testen und so feststellen, wo die Symptome herrühren. Er hat die Wahl zwischen invasiven (latein: invadere »einfallen«, »eindringen«) und nicht-invasiven Methoden.

Der Urease-Schnelltest ist ein unkompliziertes invasives Verfahren. Bei einer Magenspiegelung kann mittels einer harnstoffhaltigen Farbindikatorlösung untersucht werden, ob Helicobacter pylori im Magen vorhanden ist oder nicht. Das Testprinzip beruht auf der biochemischen Tatsache, dass die Helicobacter-Bakterien im Magen durch das Urease-Enzym den Harnstoff als Nahrungsmittel verwerten können. Es kommt zur Aufspaltung in Ammoniak und Kohlendioxid. Das Ammoniak bildet einen basischen Schutz um die Bakterien herum, damit sie nicht von der Magensäure zerstört werden. Steigt während des Tests der pH-Wert an, kommt es also zur Herausbildung basischer Stoffe. Dies wird im Test durch einen Farbumschlag von Gelb auf Rot angezeigt. Eine andere invasive Testform besteht in der Untersuchung von Magengewebe, welches bei einer Endoskopie entnommen werden kann. Unter einem Lichtmikroskop wird nach den Bakterien oder nach Entzündungsherden gesucht. Eine weitere Möglichkeit ist es, Gewebeproben in ein Selektivnährmedium zu setzen. Dieses ist aufgrund seiner Zusammensetzung nur für das Wachstum ganz bestimmter Zellen oder Mikroorganismen geeignet. Wenn sich in diesem die Helicobacter-Bakterien bilden, ist das der Nachweis, dass der betroffene Patient über diese verfügt.

Unter den nicht-invasiven Verfahren dürfte der Stuhltest die einfachste Variante sein. Sollten Sie mit Helicobacter pylori infiziert sein, lassen sich diese im Stuhl relativ sicher nachweisen. Dafür wird die Stuhlprobe mit einem Antikörper gegen das Bakterium versetzt. Sollte Helicobacter pylori vorhanden sein,

2.4 MEDIZINISCHE DIAGNOSTIK

verbindet sich das Bakterium (als Antigen) mit dem Antikörper. Dieser Prozess kann mittels einer Farbreaktion geprüft werden. Sollte bereits eine Helicobacter-Therapie durchgeführt worden sein, wartet der Arzt meist sechs bis acht Wochen nach Therapieende, um erst dann den Test durchzuführen. So kann er sehen, ob die Keimbesiedlung komplett neutralisiert wurde oder ob es nur zu einer Verminderung gekommen ist. Die bekannteste nichtinvasive Diagnosemethode für Helicobacter pylori ist der C13-Atemtest. Auch hier wird die Urease-Aktivität des Bakteriums genutzt, um einen Nachweis über dessen Existenz zu liefern. Bei der Untersuchung müssen Sie zunächst in einen Beutel pusten, damit ein Ausgangswert bestimmt werden kann. Danach soll der Testwert erhoben werden. Hierfür müssen Sie einen harnstoffhaltigen Saft trinken, der zusätzlich mit radioaktivem Kohlenstoff versetzt ist. Wenn Sie eine Helicobacter-pylori-Infektion haben sollten, werden die Bakterien den Harnstoff abbauen und Kohlendioxyd produzieren. Dieses ist radioaktiv und wird abgeatmet. Um den Testwert bestimmen zu können, müssen Sie nach circa 30 Minuten erneut eine Atemprobe abgeben. Schließlich wird der Testwert mit dem Ausgangswert verglichen, um zu prüfen, ob eine entsprechende chemische Reaktion in Ihrem Körper stattgefunden hat. Wenn ja, haben Sie eine Helicobacter-pylori-Infektion.

3. Behandlungsmöglichkeiten & Präventionsmöglichkeiten

Jeder Mensch nimmt Sodbrennen anders war und jeder Mensch hat ganz eigene Vorlieben oder Abneigungen gegenüber bestimmten Therapieangeboten. So wirkt die eine Maßnahme bei dem einen besser als bei einem anderen. Weitere Faktoren, die über Erfolg und Misserfolg von Therapien oder Vorbeugemaßnahmen entscheiden, sind die körperliche Konstitution des Patienten und dessen Krankheitsgeschichte. Es wäre also zu kurz gedacht, den Therapieerfolg bei einem Patienten auf einen anderen übertragen zu wollen, wenn dieser ein gänzlich anderer Mensch mit einem »anderen« Sodbrennen ist. Vor diesem Hintergrund erhalten Sie nun einen Einblick in die Fülle an Möglichkeiten zur Linderung oder Vorbeugung von Sodbrennen. Je nach Ihrem Befinden können Sie mehrere dieser Maßnahmen ausprobieren und die beste für sich heraussuchen. Das breit aufgestellte Angebot soll Ihnen als Impuls dienen, aktiv zu werden und für Sie geeignete Möglichkeiten auszuprobieren. Darüber hinaus können Sie sich mit weiteren therapeutischen oder diagnostischen Ansätzen oder ganzen Medizinmodellen befassen. Letztlich geht es darum, dass Sie sich selbst motivieren, sich nicht länger als Opfer von Krankheit oder Leid zu sehen, sondern als bewusst aktiver Mensch, der mit seinem Körper die Anforderungen des modernen Alltags bewältigen kann. Sodbrennen ist ein gutes Übungsfeld, um sich auf den eigenen Körper und seine spezifische Sprache einzustellen. Je mehr Sie über sich selbst lernen, desto mehr wissen Sie, wohin Sie wollen und was Sie brauchen.

3.1 Medikamentöse Behandlung

Klaus, der Protagonist der kleinen Geschichte zu Anfang des Buches, hätte vermutlich keinen so unbequemen Abend verleben müssen, hätte er rechtzeitig die korrekten Medikamente gegen Sodbrennen eingenommen. Doch welche sind die richtigen?

Die medikamentöse Behandlung umfasst sowohl verschreibungspflichtige als auch frei erhältliche Medikamente. Sie können zwar jederzeit Magen- oder Sodbrenntabletten in der Apotheke oder Drogerie erhalten, aber bedenken Sie stets, dass es sich dabei um synthetische Mittel handelt, die in Ihrem Körper bestimmte Reaktionen auslösen sollen. Sie greifen in chemische Prozesse ein und verändern bestehende Zustände. Damit können akute Probleme gelindert werden, aber eine langfristige Besserung ist nicht gewährleistet. Es besteht sogar die Gefahr, durch übermäßigen Medikamentenkonsum die Beschwerden zu verschlimmern oder Neben- bzw. Wechselwirkungen hervorzurufen. Seien Sie also äußerst vorsichtig, was die Wahl der Medikamente betrifft, und halten Sie stets die Augen nach Alternativen offen.

Protonenpumpenhemmer (PPI)

Die Magenschutz-Medikamente PPI (Protonenpumpenhemmer oder auch Protonenpumpen-Inhibitoren) werden standardmäßig bei Sodbrennen oder Reflux verordnet. Waren sie früher noch verschreibungspflichtig, gibt es sie gegenwärtig auf dem freien Markt mit den Wirkstoffen Pantoprazol oder Omeprazol. Diese Wirkstoffe unterdrücken die Bildung von Magensäure. Das kann bei zu hoher Magensäureproduktion sinnvoll sein. Doch es besteht auch das Risiko, das Sodbrennen sogar noch zu verschärfen. Sollte dieses nämlich auf einen Magensäuremangel zurückzuführen sein und reduziert man die Produktion der Magensäure, weil man glaubt, das Sodbrennen wäre durch zu viel

3. BEHANDLUNGS- & PRÄVENTIONSMÖGLICHKEITEN

Magensäure verursacht, kann es zu den bereits beschriebenen Verschlimmerungen kommen.

Wirkungsweise
Der Name »Protonenpumpenhemmer« rührt daher, dass die Medikamente eine »Protonenpumpe« in den Belegzellen des Magens hemmen, damit sich die Zellen regenerieren können. So wird die Produktion der Salzsäure reduziert. Je nach Dosis kann die Bildung der Magensäure sogar bis zu 100 % zurückgefahren werden. Der Magensaft verliert seine säurebedingte Aggressivität und das Risiko von Schleimhautentzündungen wird gesenkt. Sollte es bereits zu Entzündungen gekommen sein, kann der Einsatz der PPI ein schnelles Abheilen der Wunden fördern, da diese nicht weiter mit saurem Magensaft in Kontakt kommen. Die PPI wirken jedoch nicht im akuten Fall, sondern müssen zunächst vom Dünndarm in den Blutkreislauf befördert werden. Und erst wenn das mit PPI angereicherte Blut in die Magenzellen gelangt ist, beginnt sich die Wirkung zu entfalten.

Zur Notwendigkeit von Magensäure
Die Wirkungsweise des PPI gilt als weitgehend sicher. Sogar eine vollkommene Einstellung der Magensäureproduktion wird als ungefährlich angesehen. Es gibt in der wissenschaftlichen Diskussion einige Stimmen, die die Relevanz der Magensäure für den gesunden Organismus relativieren. Es wird die These vertreten, dass Magensäure für eine einwandfreie Verdauung nicht notwendig und die Magensäure lediglich ein evolutionäres Überbleibsel aus den Zeiten sei, in denen die Menschen viele krankheitserregende Mikroorganismen mit der Nahrung geschluckt hätten. Deshalb könnten säurereduzierende Medikamente nahezu sorglos über mehrere Jahre eingenommen werden. Schließlich liefere der Dünndarm Enzyme, durch die die Wirkung des magensäureabhängigen Pepsins ersetzt werden könne.

3.1 MEDIKAMENTÖSE BEHANDLUNG

Dem gegenüber steht die These, dass die Bildung von Magensäure für die Gesundheit des Menschen unabdingbar sei, weil sie ein integraler Teil des Immunsystems sei. Diese These wird von der Tatsache gestützt, dass die Magensäure gewissermaßen in erster Instanz eingedrungene Bakterien oder Parasiten vernichtet. Darüber hinaus sorgt sie für eine Zerkleinerung des Nahrungsbreis und bereitet die Verdauung von Eiweißen vor. Dadurch wird die Verdauung enorm erleichtert, weil die Enzyme die Nahrung besser verarbeiten können. Eiweißverwertende Enzyme wie das Pepsin werden erst durch die Magensäure aktiviert. Wäre also überhaupt keine Magensäure vorhanden, würde das Risiko einer Infektion steigen und es käme zu Verdauungsstörungen.

Bekannte Nebenwirkungen
Weil PPI den Ruf der Unbedenklichkeit haben, werden sie massenweise produziert und eingenommen. 2008 konnten die Firmen mit dem Verkauf von PPI weltweit 26,5 Milliarden US-Dollar erwirtschaften.[9] Damit gehören diese Medikamente zu den am meisten genutzten – und zwar global. Durch diesen enormen Konsumtrend sind auch die Nebenwirkungen weltweit bekannt geworden. Dazu gehören Magen-Darm-Störungen (zum Beispiel Durchfälle), Müdigkeit, Schwindel, Kopfschmerzen, Stimmungsschwankungen, teilweise sogar Seh-, Hör,- oder Geschmacksstörungen. Erhöhte Leberwerte sind genauso möglich wie Nierenentzündungen oder Veränderungen im Blutbild. Durch die reduzierte Säureproduktion kann der Magen Mineralien und Eisen nicht mehr optimal aufnehmen. Damit steigt das Risiko von Osteoporose oder Knochenbrüchen. PPI stehen weiterhin im Verdacht, Nahrungsmittelallergien zu fördern. Die durch PPI ausgelöste Säurereduktion kann eine Infizierung mit Bakterien begünstigen. Bei einer Langzeiteinnahme steigt das Risiko einer Magenschleimhautentzündung. Wenn anschließend das Präparat

---

9 Gumpert 2015, www.dr-gumpert.de, Link im Quellenverzeichnis.

3. BEHANDLUNGS- & PRÄVENTIONSMÖGLICHKEITEN

abgesetzt wird, kommt es zu einer plötzlichen Überproduktion von Magensäure, wodurch das Risiko einer Medikamentenabhängigkeit zunimmt. Außerdem steigen damit die Beschwerden, die eigentlich bekämpft werden sollten.

Auf die richtige Dosierung achten

Wenn Sie in Erwägung ziehen, PPI einzunehmen, sollten Sie unbedingt mit einem Arzt über die Wirkungen und eine entsprechende Dosierung sprechen. Die pauschalen Vorgaben auf Beipackzetteln oder in der Apotheke sind zwar gut gemeint, können aber im Einzelfall nicht ausschlaggebend sein. Gehen Sie mit sich selbst verantwortungsvoll um und betreiben Sie keine »Medikamenten-Inflation«. Merken Sie sich als Faustregel eine Einnahmezeit von vier Wochen. Wenn Ihre Beschwerden trotz der Einnahme von PPI nicht wesentlich besser werden, konsultieren Sie einen Arzt! Bei anhaltendem Sodbrennen ist eine genaue Ursachenklärung notwendig, um keine falsche Behandlung anzugehen. PPI können nämlich auch kontraproduktiv wirken – besonders wenn man glaubt, man würde unter einem Magensäureüberschuss leiden, obwohl in Wirklichkeit ein Mangel vorliegt. Kinder, Schwangere oder stillende Mütter sollten grundsätzlich auf PPI verzichten.

Antazida & Alginate

Antazida sind basische Salze. Mit ihrer Einnahme wird das Ziel verfolgt, die Magensäure zu neutralisieren. Je mehr Basen vorhanden sind, desto stärker können Säurewirkungen ausgeglichen werden. Was liegt also näher, als zu viel Magensäure mit Basen zu behandeln? Was näher liegen könnte, wäre eine konkrete Ursachenforschung, denn Antazida sind reine symptomorientierte Mittel. Sie können das Problem des Sodbrennens nicht lösen, nur lindern. Möchten Sie bis an Ihr Lebensende Antazida schlucken?

3.1 MEDIKAMENTÖSE BEHANDLUNG

Wie wirken Antazida?

Die Substanzen sind basische Salze aus Magnesium, Aluminium und Calcium, nämlich Aluminiumhydroxid, Magnesiumhydroxid und Calciumcarbonat. Mit Aluminiumhydroxid und Magnesiumhydroxid sind Kombinationen und Komplexverbindungen möglich, deren Wirkungsweisen aneinander angepasst sind. Aluminiumhydroxid ermöglicht eine besonders lange Wirkung und Magnesiumhydroxid sorgt für eine schnelle Wirkung. Durch die Kombinationen der Salze werden nachteilige Wirkungen der einzelnen Stoffe gegenseitig neutralisiert. Beispielsweise kann Aluminiumhydroxid Verstopfung auslösen. Durch eine Kombination mit Magnesiumhydroxid wird dies jedoch vermieden, weil es verdauungsförderlich ist.

Antazida werden zwischen den Mahlzeiten eingenommen; in jenen Phasen, in denen im Magen das Sodbrennen aktiviert wird, weil der Nahrungsbrei verarbeitet wird und zunehmend seine puffernde Wirkung verliert. Die Ausschüttung der Salzsäure während des Verdauungsprozesses wird mit den Antazida nicht unterdrückt, wie es bei den PPI der Fall ist. Sie neutralisieren stattdessen die Säurewirkung aufgrund ihrer basischen Eigenschaften. Dafür müssen sie nicht erst in den Blutkreislauf gelangen, sondern können direkt vor Ort, also im Magen, ihre Wirkung entfalten. Somit können sie im Akutfall eingesetzt werden. Wie gut sie wirken, hängt von den verwendeten Wirkstoffen ab, die über mehr oder weniger gute Säurebindungskapazitäten verfügen. Diese Kapazität wird mit der Einheit »mVal« angegeben. Empfohlen werden zumeist Antazida mit 20 bis 25 mVal pro Einzeldosis.

Nebenwirkungen von Antazida

Die meisten Antazida sind ohne Rezept erhältlich und können ohne ärztliche Empfehlung eingenommen werden. Das macht sie zu einem beliebten Sodbrennmittel. Doch auch dieses ist nicht

3. BEHANDLUNGS- & PRÄVENTIONSMÖGLICHKEITEN

nebenwirkungsfrei. Es gibt Zusammenhänge zwischen der Einnahme von Antazida und Veränderungen der Stuhlkonsistenz. Ebenso können Durchfälle oder Verstopfungen als Nebenwirkungen auftreten. Die basischen Wirkstoffe beeinflussen außerdem die Nierenfunktion. Es gibt Nachweise über Veränderungen der Elektrolyseverhältnisse. Bei Patienten mit einer Niereninsuffizienz kommt es zum Verlust von Säureäquivalenten. Die Folge ist ein alkalisierter Urin, was Nierensteine begünstigt. Antazida können darüber hinaus die Wirkung anderer Arzneimittel reduzieren. Wenn Sie also andere Medikamente einnehmen, sollten Sie unbedingt mit einem Arzt über mögliche Wechselwirkungen sprechen.

Was sind Alginate?
Alginate sind Alginsäuren, die aus Braunalgen gewonnen und zur Wundheilung verwendet werden. Alginate, die gegen Sodbrennen eingesetzt werden, sind Natriumalginate. Sie können – genau wie die Antazida – die Salzsäure im Magen binden und so deren Wirkung neutralisieren. Alginate werden nicht verstoffwechselt, sondern unverändert wieder ausgeschieden. Darum gibt es bisher keine bekannten Wechselwirkungen mit anderen Medikamenten. Auch Einflüsse auf die physiologischen Vorgänge konnten bisher nicht belegt werden, sodass Verdauungsbeschwerden weitgehend ausgeschlossen werden können. Insgesamt sind die Alginate nebenwirkungsarm und können auch von Schwangeren verwendet werden. Dennoch sollte vor einer Einnahme ein Arzt konsultiert werden, um im Einzelfall Nutzen und Risiken abzuwägen.

Wirkung bei Sodbrennen
Alginate bilden eine zähflüssige Gel-Schicht im Magen, die wie eine Barriere zwischen dem sauren Magensaft und der Speiseröhre wirkt. Dadurch wird der Rückfluss von saurem Mageninhalt in die Speiseröhre verhindert. Diese Gel-Barriere ist vor allem

3.1 MEDIKAMENTÖSE BEHANDLUNG

bei Sodbrennen sinnvoll, wenn dieses die Folge eines Zwerchfellbruchs ist, da die Verschiebung des Magens eine Änderung der Lage des Nahrungsbreis zur Speiseröhre bedingt. Der Nachteil dieser Wirkstoffe liegt jedoch in der Position der Gel-Schicht. Diese schwimmt immer oben auf dem Magensaft. Daher funktioniert das Wirkprinzip sehr gut, solange Sie stehen oder sitzen. Sobald Sie sich aber hinlegen, schwappt das Gel um und einem Rückfluss des Mageninhalts in die Speiseröhre steht nichts im Wege.

H2-Rezeptor-Blocker

H2-Rezeptoren sind Proteine, die den Histamin-Rezeptoren zugeordnet werden. Daher auch die Abkürzung mit dem Buchstaben »H«. Insgesamt gibt es vier Arten: H1 bis H4. Diese Proteine werden durch das Histamin aktiviert, welches im Falle von H2 auch an der Produktion von Magensäure beteiligt ist. Wenn nun ein H2-Rezeptor durch einen entsprechenden Blocker (H2-Rezeptor-Antagonist) besetzt wird, kommt es zu keiner entsprechenden Aktivierung durch das Histamin. Die Folge ist eine Unterdrückung der Magensäureproduktion. Die H2-Rezeptor-Blocker wirken weniger stark als die PPI, weshalb sie auch seltener verordnet werden. Während die nächtliche Säureproduktion durch PPI um circa 90 % gesenkt werden kann, können die H2-Rezeptor-Blocker die Säureproduktion bei Nahrungsaufnahme um nur circa 50 % mindern.

Ausheilung bestehender Schäden, aber keine Heilung der Krankheit

Mit den H2-Rezeptor-Blockern ist eine Heilung von Sodbrennen oder GERD nicht möglich. Allerdings können sie eingesetzt werden, um Wunden heilen zu lassen, die durch den Rückfluss der Magensäure entstanden sind. Wenn Ihre Speiseröhrenschleimhaut also schon angegriffen ist, kann die Einnahme der Histamin-Antagonisten die Refluxkrankheit zwar nicht beseitigen, aber sie

3. BEHANDLUNGS- & PRÄVENTIONSMÖGLICHKEITEN

kann in Magen und Speiseröhre das Milieu von der aggressiven Säurewirkung befreien. So helfen sie Ihrem Körper, Entzündungen besser abheilen zu lassen. Die H2-Rezeptor-Blocker werden auch bei Magengeschwüren eingesetzt, denen meist eine Infektion mit Helicobacter pylori vorausgegangen ist. Vor einer Anwendung sollte daher geprüft werden, welche Ursachen Ihr Sodbrennen hat, damit die Behandlung mit den Antagonisten ursachenorientiert durchgeführt werden kann.

Gängige H2-Rezeptor-Blocker
In den 1970er Jahren kam mit Cimetidin das erste Präparat auf den Markt. Es folgten weitere, von denen vor allem Famotidin, Nizatidin und Ranitidin verbreitet sind. Während Famotidin und Ranitidin in niedriger Dosis noch frei erhältlich sind, sind die anderen beiden in jeder Dosiermenge verschreibungspflichtig.

Cimetidin kann oral eingenommen oder parenteral (als Infusion) gegeben werden. Es wird im Darm größtenteils resorbiert (aufgenommen), gelangt in den Blutkreislauf und wird in der Leber verstoffwechselt. Zu den beobachteten Nebenwirkungen gehören: geistige Verwirrung, Kopfschmerzen, verminderte Libido, Vergrößerung der Brustdrüsen beim Mann und Reduzierung des Herzschlags bis unter 60 Schläge pro Minute. In seltenen Fällen kann es zu einer Minderbildung weißer Blutkörperchen kommen.

Famotidin wird beim Sodbrennen in Kombination mit Antazida verabreicht. Es hat sich auch bei der Behandlung von Magen- oder Zwölffingerdarmgeschwüren bewährt. Es wird weitgehend über den Urin unverarbeitet ausgeschieden. Bekannte Nebenwirkungen sind Kopfschmerzen, Schwindel, Durchfall oder Verstopfung. Übelkeit, Appetitlosigkeit, Erbrechen und Blähungen können gelegentlich auftreten – aber auch Müdigkeit, Juckreiz oder Hautausschläge.

Die Nebenwirkungen von Nizatidin sind ebenfalls Kopfschmerzen, Schwindel oder Schläfrigkeit. Es können aber auch

3.1 MEDIKAMENTÖSE BEHANDLUNG

Erkältungs- oder Grippesymptome auftreten. Da diese auch durch Refluxkrankheiten ausgelöst werden können, sollten Sie prüfen lassen, ob die Symptome medikamentenbedingt oder krankheitsbedingt auftreten. Nizatidin kann während der Stillzeit verordnet werden.

Ohne ärztliche Betreuung sollte die Selbstmedikation mit Ranitidin auf sieben Tage beschränkt bleiben. Es wirkt zehnmal stärker als Cimetidin und hat weniger Nebenwirkungen. Es wird oral eingenommen und im Darm schnell resorbiert, sodass es sich im Körper verteilen kann. Zu den eher selten auftretenden Nebenwirkungen gehören Kopfschmerzen, Schwindelgefühle, verminderte Produktion weißer Blutkörperchen, psychische Verwirrung, Herzrhythmusstörungen, Übelkeit, Durchfall, Erbrechen, Libidoverlust und Hautausschlag.

Allgemeine Hinweise für die medikamentöse Behandlung

In Apotheken und Drogerien werden einige Mittel angeboten, die – so zumindest das Versprechen – schnell gegen Magenprobleme, Unwohlsein oder Sodbrennen helfen sollen. Wenn Sie sich für solche Präparate entscheiden, sollten Sie genau überlegen, was Sie eigentlich wollen. Natürlich wollen Sie schnell und ohne großen Aufwand Ihre Beschwerden loswerden. Der Besuch beim Hausarzt oder die Vereinbarung eines Facharzttermins – das sind stressige Momente, die Zeit und Nerven kosten. Ist das bei Sodbrennen wirklich notwendig? Natürlich wollen Sie auch langfristig beschwerdefrei bleiben und nicht nur für ein paar Tage Ihre Probleme los sein. Das heißt aber in der Regel, dass es mit solchen schnell wirksamen Mitteln nicht getan ist. Sie können auf diese Weise ein Symptom unterdrücken. Die Ursache ist damit aber noch lange nicht beseitigt. Schlimmer noch: Einige der angebotenen Medikamente können Ihre Beschwerden langfristig sogar verschlimmern. Selbst wenn die Präparate einen ungefährlichen Eindruck

3. BEHANDLUNGS- & PRÄVENTIONSMÖGLICHKEITEN

machen, weil sie leicht zugänglich sind und als Heilmittel verkauft werden, gehen Sie immer ein gewisses Risiko für Ihre Gesundheit ein. Die synthetischen Medikamente greifen in Ihr biologisches System ein.

Wenn Sie es bei einer Medikamenteneinnahme belassen, wird sich nach dem Absetzen der Medikamente wenig verändert haben. Wieso auch? Sie haben lediglich Säure neutralisiert oder Säureproduktion unterdrückt. Lassen Sie die Medikamente weg, lassen auch deren Wirkungen nach. Es könnte sich daher lohnen, wenn Sie sich auf die Suche machen nach den Ursachen hinter dem Sodbrennen. Nicht immer bedarf es dafür eines Arztes. Sie kennen Ihren Körper am besten. Passen Sie Ihr Leben den Bedürfnissen Ihres Körpers an: Vielleicht ist es mit einer Ernährungsumstellung, Stressabbau oder regelmäßigen Massagen schon getan. Es ist verlockend, schnell eine Tablette oder Pille zu schlucken, um rasch beschwerdefrei zu werden. Aber vergessen Sie niemals: Alles hat seinen Preis – auch die schnelle Linderung von Sodbrennen durch synthetische Mittel. Geben Sie Ihrem Körper eine Chance und lernen Sie, mit seinen Eigenheiten zu leben. Dazu gehört auch die richtige Ernährungsweise.

3.2 Diätetik

Viele Betroffene spüren das Sodbrennen vermehrt während oder nach dem Essen. Denken Sie an Klaus und sein Abendessen mit Freunden: ein wirklich ungünstiger Zeitpunkt für Sodbrennen. Wer will schon durch häufiges Aufstoßen oder sauren Mundgeruch auffallen? Was kann Klaus also sofort tun? Er kann damit beginnen, seine Nahrungsmittel achtsamer auszuwählen und zu essen. Statt einfach zu bestellen, was besonders lecker aussieht, überlegt er nun, welche Mahlzeit verträglich ist und welche nicht. Das Gleiche gilt für die Menge: Klaus weiß durch achtsame

3.2 DIÄTETIK

Ernährung, wann für ihn Schluss ist, ohne sich zu überessen und seinen Magen zu belasten. Das kann Klaus natürlich nicht alles an einem Abend lernen oder anwenden. Er muss es üben. Klaus muss sein Essen kultivieren. Das geht am besten im Alltag. Jeden Tag kann Klaus auf seine Ernährung achten, sie seinem Körper anpassen und spüren, wie der Körper auf welche Nahrung reagiert. Und all das gilt natürlich nicht nur für Klaus! Wenn Sie mit Ihrer Ernährung sorgfältiger umgehen möchten, erhalten Sie zur Belohnung zwei Verbesserungen: Sie entwickeln ein besseres Körpergefühl, was Sie für Ihren Körper und auf ihn wirkende Reize aufmerksamer macht. Und Sie gelangen zu mehr Wohlbefinden durch eine gesunde und ausgeglichene Ernährung. Wie diese Ernährung erreicht werden kann, dafür gibt es eine Fülle an Ratschlägen, Kochrezepten und Theorien. Die wichtigsten Ernährungstipps für Sodbrennen sollen Ihnen nicht vorenthalten werden und Anreiz dafür sein, sich selbst auf die Suche nach der passenden Ernährung zu machen.

Viele Verdächtige, aber wenige Beweise: auslösende Nahrungsmittel

Ein Anfang für den sorgsamen Umgang mit der Ernährung besteht darin, täglich zu prüfen, welche Nahrungsmittel verträglich sind und welche nicht. Nutzen Sie jede Mahlzeit, um zu spüren, wie sich Ihr Körper danach fühlt. Fühlt er sich leicht oder schwer an, entwickelt er Völlegefühl, Schwäche, Müdigkeit oder Sodbrennen? Schreiben Sie sich auf, was Sie wann gegessen haben, und markieren Sie die Nahrungsmittel, die für Sie unverträglich sind. Das gilt natürlich auch für Getränke! Notieren Sie sich zudem besondere Auffälligkeiten wie zum Beispiel Stress, Unruhe oder Medikamenteneinnahme. Wenn folgende Nahrungsmitteltypen oder Getränke regelmäßig in Ihren Notizen auftauchen und als sodbrennförderlich markiert wurden, wundern Sie sich nicht. Sie gelten allgemein als Auslöser von Sodbrennen:

3. BEHANDLUNGS- & PRÄVENTIONSMÖGLICHKEITEN

- Fettreiche Nahrungsmittel: Sie sind schwer verdaulich, sodass der Nahrungsbrei länger im Magen verweilt und gegen den Schließmuskel drücken kann.
- Zitrusfrüchte: Sie sind sauer und wirken auf Schleimhäute reizend.
- Scharfe Nahrungsmittel: Die Schärfe auslösenden Wirkstoffe wie zum Beispiel Capsaicin erhöhen die Empfindlichkeit der Speiseröhrenschleimhaut, sodass diese auf Magensaft empfindlich reagiert.
- Zuckerhaltige Nahrungsmittel: Zucker belastet den Magen, weil er zu lange im Verdauungstrakt verweilt. Das trifft auch auf unverdaute Stärke zu, wie sie im Vollkorn zu finden ist. Meiden Sie daher Backwaren, besonders Fettgebackenes.
- Übermäßiger Alkoholgenuss: Er wirkt muskelentspannend, sodass auch der Schließmuskel zwischen Magen und Speiseröhre geschwächt werden kann; außerdem ist Alkohol sauer, wodurch die Speiseröhre gereizt und die Magensäure stark versauert wird.
- Kohlensäurehaltige Getränke: Das Gas Kohlendioxid wirkt im Magen und kann einen Druck gegen den Schließmuskel erzeugen.

Es gibt unzählige Nahrungsmittel, die Sodbrennen auslösen können – allerdings nicht bei jedem. Daher gibt es viele Verdächtige, aber nur wenige Beweise. Beobachten Sie Ihren Körper und seine Reaktionen selbst und treiben Sie Ihre Verdächtigen zusammen, um ein vollständiges Bild über die Zusammenhänge zwischen Nahrungsmitteln und Ihrem individuellen Sodbrennen zu bekommen.

Das Säure-Basen-Gleichgewicht

Eine gängige Unterteilung von Lebensmitteln ist ihre Einstufung nach Säureanteilen und Basenanteilen. Diese Kategorisierung ist seit 1913 in der alternativen Medizin verbreitet. Auf Grundlage

3.2 DIÄTETIK

der These, dass der moderne Mensch sich viel zu sauer ernähren würde, wird eine weitgehend basische Ernährung als heilend oder gesundheitsfördernd empfohlen. Sowohl die naturwissenschaftliche Medizin als auch Ernährungswissenschaftler haben keine eindeutigen Beweise für diese Theorie gefunden, dennoch lässt sie sich nicht so einfach abstreiten. Dass Nahrungsmittel den Körper positiv oder negativ stimulieren, ist unumstritten. Allein wenn schon die Auseinandersetzung mit der basischen Ernährung zu einer gesünderen Ernährungsweise führt, dürfte ein wesentliches Ziel erreicht sein.

Mit den Basen das Gleichgewicht wiederherstellen
Aus Sicht der basischen Ernährung haben viele Krankheiten ihren Ursprung in einer ernährungsbedingten Übersäuerung des Körpers. Das natürliche Säure-Basen-Gleichgewicht ist gestört und kann mithilfe einer entsprechenden Ernährung wiederhergestellt werden. Das Grundprinzip dieser Ernährungsform ist der überwiegende Verzehr basischer Lebensmittel und der weitgehende Verzicht auf saure Lebensmittel. Sodbrennen als Folge einer Übersäuerung kann also durch den Verzehr basischer Lebensmittel gelindert werden. Gängige Lebensmittel, die als Lieferanten für Basen dienen, sind zum Beispiel Kartoffeln, Rohmilch, Trockenfrüchte, Blattsalate, Obst und Gemüse. Als Säurebildend gelten unter anderem Süßwaren, Nudeln, helles Brot, Fleisch, Fisch, Käse, Eier, Sojaprodukte, Erdnüsse und alkoholische Getränke. Das Institut für Prävention und Ernährung hat 2004 eine Liste herausgegeben, in der sämtliche verbreitete Lebensmittel aufgelistet sind. Diese Liste enthält Angaben zur potenziellen Säurebelastung der einzelnen Lebensmittel. Ob sie basisch oder sauer wirken, kann der Tabelle entnommen werden.[10]

---

10 Institut für Prävention und Ernährung 2004,
www.saeure-basen-forum.de, Link im Quellenverzeichnis.

3. BEHANDLUNGS- & PRÄVENTIONSMÖGLICHKEITEN

Im Handel gibt es das sogenannte Basenpulver. Dabei handelt es sich um ein Nahrungsergänzungsmittel, das eine Säurebelastung durch die Nahrung reduzieren soll. Meist werden für das Basenpulver Mineralsalzverbindungen mit Lactose oder Saccharose verwendet. Die Wirkung des Pulvers ist von der derzeitigen Wissenschaft nicht anerkannt. Auch ein in der basischen Ernährung verbreiteter Säure-Test gilt als wenig aussagekräftig.

pH-Wert-Messung im Urin
Bei diesem Test geht es um die pH-Wert-Messung des Urins. Allerdings zielt der Test nicht darauf ab, mithilfe des Ergebnisses nachzuweisen, dass eine Übersäuerung des Körpers vorliegt. Vielmehr dient der Test dazu, die Regulierung des Säure-Basen-Haushalts während des Tagesverlaufs zu überprüfen. Nachdem Sie auf einen Teststreifen uriniert haben, wird sich dieser entsprechend des pH-Wertes verfärben. Der Test sollte mehrmals täglich durchgeführt werden, um das Gleichgewicht zwischen Säure und Base einschätzen zu können. Wenn ein Gleichgewicht vorliegt, so befinden sich die täglichen Messergebnisse sowohl im sauren als auch im basischen Bereich. Vor allem morgens wird die pH-Messung eher saure Ergebnisse anzeigen, weil der Körper über Nacht fleißig entgiftet und die angefallenen Säuren mit dem morgendlichen Urin ausscheiden will. Im Laufe des Tages sollten vermehrt basische Ergebnisse auftreten und am Abend wieder verstärkt saure. Wenn Ihre Testergebnisse täglich nur saure Ergebnisse liefern, könnte es an der Zeit sein, die basische Ernährung anzuwenden. Teststreifen können in Reformhäusern, Drogerien oder über das Internet bezogen werden.

Tipps zur basischen Ernährung
Wenn Sie die basische Ernährung umsetzen möchten, halten Sie sich nicht an den starren Tabellenwerten fest, die Ihnen das Säure-

3.2 DIÄTETIK

potenzial verraten. Nutzen Sie die Tabellen als Impulse für eine sorgsame Nahrungsmittelwahl, aber erheben Sie sie nicht zum Dogma! Der Nachteil solch exakter Tabellen ist nämlich, dass es keine übereinstimmenden Tabellen gibt. Je nach Analyseverfahren, Messmethoden oder Versuchsanordnungen kommen unterschiedliche Werte zu denselben Nahrungsmitteln heraus. Das kann ganz schön verwirrend sein! Eine Fokussierung auf die Grundsätze der basischen Ernährung bzw. auf gesunde Ernährung im Allgemeinen ist daher zielführender. Wenn Sie das nächste Mal im Supermarkt oder Bioladen einkaufen, merken Sie sich lediglich die groben Kategorien der Nahrungsmittel und nicht die genauen Messwerte.

Zur Kategorie »stark säurebildend« zählen unter anderem Fleisch, Wurst, Fisch, Eier, Käse, Weißmehl, Alkohol und Kaffee. Zur Kategorie »schwach säurebildend« zählen unter anderem Sahne, Quark, Vollkorn, Nüsse und Soja. »Stark basenbildend« sind unter anderem Blattsalate, Obst, Gemüse, Molke, Obstessig, Kartoffeln, Kräutertee und stilles Mineralwasser. Zur Kategorie »schwach basenbildend« gehören unter anderem Milch, Joghurt, Hülsenfrüchte, Pilze und Tofu. Je mehr Sie auf solche Zuordnungen bei Ihren Einkäufen und Essenszubereitungen achten, desto besser werden Sie ein Gefühl für die jeweiligen Lebensmittel entwickeln und erkennen, ob sie Ihnen gut tun oder nicht.

Sie können schon viel gegen eine Übersäuerung durch Ernährung tun, wenn Sie die Nahrung ordentlich kauen und nicht in großen Bissen hinunterschlucken. Je intensiver Sie kauen, desto mehr basische Speichelflüssigkeit wird produziert und gelangt mit dem Hinunterschlucken in den Magen. Kaut man unvollständig, wird die Verdauung belastet. Große Nahrungsteile drücken gegen den Schließmuskel, der Magen schüttet vermehrt Magensäure aus und im Darm können sich Gärungsgase bilden. Die Folge ist eine Übersäuerung, die unweigerlich zu Sodbrennen führt.

3. BEHANDLUNGS- & PRÄVENTIONSMÖGLICHKEITEN

Auch wenn die basische Ernährung von der derzeitigen Wissenschaft nicht anerkannt wird, bietet sie viele Impulse für eine bewusste Ernährung.

Ernährung nach den fünf Elementen

Eine andere Möglichkeit, Lebensmittel zu kategorisieren, ist die Sortierung nach den fünf Elementen. Diese Ansätze finden Sie in der Traditionellen Chinesischen Medizin. Die TCM wird hierzulande immer beliebter, sei es wegen ihrer Exotik oder wegen ihrer unkonventionellen Diagnose- und Therapiemethoden. Auch wenn sich die TCM noch nicht endgültig durchgesetzt hat, ist sie mittlerweile einer breiten Öffentlichkeit bekannt und viele Heilpraktiker und naturheilkundliche Ärzte vertrauen der Beobachtungsgabe der alten Chinesen. Diese haben nämlich schon vor sehr langer Zeit die Prozesse des menschlichen Körpers genauestens analysiert, um ein hochkomplexes medizinisches System zu entwickeln, welches heutzutage vor allem durch seinen Einsatz in der Akupunktur und Akupressur bekannt ist. Doch auch der Ernährung haben sich die chinesischen Ärzte ausführlich gewidmet und eine Ernährungsweise entwickelt, die Ausgeglichenheit und Harmonie anstrebt – ein lohnendes Ziel beim Sodbrennen, welches in der TCM auf »zu viel Hitze« im Magen zurückgeführt wird.

»Zu viel Hitze« – das Krankheitsverständnis der TCM im Überblick

In der TCM wird keine Diagnose wie in der uns vertrauten Medizin gestellt. Gehen Sie zu einem TCM-Arzt, werden zwar Ihre Krankheiten festgestellt, aber nur als Symptome registriert. Der Grund für diese Vorgehensweise liegt in der Annahme, dass die Ursache für Ihre Gesamtverfassung bestimmte energetische Muster in Ihrem Körper sind. Wenn Sie mit Sodbrennen an einen schulmedizinisch orientierten Arzt herantreten, wird er Ihnen vermutlich die PPI zur Reduktion der Magensäure verordnen oder eine Magenspiegelung anordnen. Wenn Sie an einen TCM-

3.2 DIÄTETIK

Arzt herantreten, wird er Ihren Körper und Ihre emotionale und geistige Verfassung untersuchen. So versucht er, sich ein Bild über Ihre körpereigenen Energien zu machen. Diese fließen in bestimmten Leitbahnen im Körper, welche als Meridiane bezeichnet werden und mit naturwissenschaftlichen Methoden nicht erfasst werden können. Das müssen sie auch nicht, denn es handelt sich um ein Erklärungsmodell, das außerhalb der uns bekannten Naturwissenschaft Körpervorgänge beschreibt und in Kausalzusammenhänge setzt. Durch Blockaden in den Energieleitbahnen kann sich Energie stauen. Diese fehlt dann an anderer Stelle, wodurch es zu Mangelerscheinungen kommt. Die ärztliche Kunst in der TCM liegt nun darin, den Ursachen für den gestörten Energiekreislauf auf die Schliche zu kommen.

Bei zu viel Hitze im Magen kann eine Ursache eine falsche Ernährung sein. Komplexer wird es dagegen, wenn die Magenhitze die Folge einer energetischen Störung ist. Das bedeutet, dass irgendwo im Körper ein Funktionskreis nicht im Gleichgewicht ist. Nur welcher? Um das zu ermitteln, muss der Arzt weitere Symptome deuten. Es kann sein, dass sich aufgrund nicht ausgelebter negativer Emotionen besonders in der Leber Energie staut, was den Magen in Mitleidenschaft zieht. Eine Behandlung der Magensymptome würde daher nicht zum Therapieerfolg führen, stattdessen wäre in diesem Fall eine Behandlung der leberspezifischen Ursachen zielführend. Sorgen oder Gedankenkarusselle schwächen zudem die Milz- und Lungensysteme, sodass es auch zu Atembeschwerden kommen kann. Nicht selten gehören diese zur Refluxkrankheit! In der TCM werden mit »Magen«, »Leber« oder »Milz« nicht nur die rein physischen Organe bezeichnet, sondern ganze Funktionszusammenhänge zwischen Organen, Energiebahnen und Emotionen. Das macht sie so komplex.

Yin und Yang im Einklang
Sollte das Sodbrennen seine Ursache in größeren Funktionsstörungen des Energiesystems haben, kann eine genaue Diagnose

3. BEHANDLUNGS- & PRÄVENTIONSMÖGLICHKEITEN

durch einen erfahrenen TCM-Arzt sehr hilfreich sein. Wenn die Hitze im Magen allerdings eine Folge eines lokalen Ungleichgewichts ist, kann eine Ernährungsumstellung helfen. Das lokale Ungleichgewicht liegt dann vor, wenn es entweder einen Mangel an Yin-Energie oder einen Überschuss an Yang-Energie im Magen gibt. Dadurch entwickelt sich ein Magen-Feuer, in das zu viel Hitze einströmen kann. Diese Erklärungen mögen befremdlich wirken, doch das Prinzip von Yin und Yang ist an sich leicht nachvollziehbar. Yin und Yang sind polare Gegensätze, die in ihrer Wechselwirkung das große Ganze ergeben. Tag und Nacht, Krankheit und Gesundheit, Mann und Frau – das sind jeweils Polaritäten, die aufeinander bezogen sind: Ohne Männer gäbe es auch keine Frauen, ohne Nächte keine Tage usw. Yin und Yang fließen ineinander und tauschen die Rollen. So wird aus Nacht Tag und aus Tag wird Nacht – aus Yin erwächst Yang und aus Yang erwächst Yin. Wenn dieser Kreislauf unterbrochen bzw. gestört wird, gerät man aus der Balance. In der Medizin heißt das, der Mensch wird krank. Wenn zu viel Hitze im Magen ist, weil Yin und Yang nicht in Harmonie sind, muss diese Harmonie wiederhergestellt werden. Für einen ersten Überblick hilft eine Einteilung der Lebensmittel in Yin und Yang. Yin steht dabei für Kälte und Flüssigkeit, Yang für Wärme und Trockenheit. Wenn Sie einen Yin-Mangel haben, können Sie diesen entsprechend mit Yin-Lebensmitteln ausgleichen. Haben Sie einen Yang-Überschuss, sollten Sie auf Yang-Lebensmittel verzichten und ebenfalls eher Yin-Nahrungsmittel zu sich nehmen.

Die fünf Elemente im Kreislauf

Yin und Yang kann anhand unterschiedlicher Merkmale bestimmt werden. Normalerweise wird in der TCM die Nahrung nach deren thermischer Wirkung unterschieden: kalt, erfrischend, neutral, warm und heiß (das hat jedoch nichts mit ihrer echten Temperatur zu tun). Es ist aber auch eine Unterscheidung nach den Geschmacksrichtungen möglich: sauer, bitter, süß, scharf und salzig.

3.2 DIÄTETIK

Yin und Yang können in Harmonie gebracht werden, wenn diese fünf Geschmacksrichtungen in jeder Mahlzeit vorhanden sind. Die alten Chinesen haben eine Fünf-Elemente-Lehre entwickelt, mit der sie alle Naturprozesse beschreiben können. Wie Yin und Yang miteinander in Wechselwirkung stehen, so wirken auch die einzelnen Elemente wechselseitig. Die fünf Elemente sind Holz, Feuer, Erde, Metall und Wasser. Holz nährt das Feuer, Feuer die Erde, Erde das Metall und Metall das Wasser. Umgekehrt schwächt Holz das Wasser, Wasser schwächt Metall, Metall schwächt die Erde und Erde schwächt Feuer (wenn Sie Erde auf ein Feuer schütten, erlischt es). Neben diesem Kreislauf wirken die Elemente auch auf ihre Gegenüber. So kontrolliert Feuer zum Beispiel Metall (Feuer kann Metall zum Schmelzen bringen), wird aber selbst vom Wasser beherrscht. Holz wird vom Metall kontrolliert, beeinflusst aber gleichzeitig die Erde.

Dem Element Holz wird die Leber zugeordnet. Milz und Magen werden der Erde zugeschrieben. Das Holz (Leber) kontrolliert die Erde (Magen), und so kann erklärt werden, dass Leberprobleme zu Beschwerden im Magen führen. Die Leberprobleme können ihrerseits die Folge von zu viel oder zu wenig Metallwirkung sein. Metall (Lunge) beeinflusst nämlich Holz. Je nach Ursachenverlauf kann der Arzt eine entsprechende Therapie zusammenstellen – zu dieser gehört in der Regel auch eine angemessene Ernährung.

Die fünf Elemente in der Ernährung
Tabelle 1: Die fünf Elemente und ihre Zuordnungen

Element	Organ	Geschmack
Holz	Leber	sauer
Feuer	Herz	bitter
Erde	Magen & Milz	süß
Metall	Lunge	scharf
Wasser	Niere	salzig

3. BEHANDLUNGS- & PRÄVENTIONSMÖGLICHKEITEN

Für eine ausgewogene Ernährung sollte bei jeder Mahlzeit für jeden Geschmack und für jedes Organ etwas dabei sein. Um diesem Anspruch gerecht zu werden, sollte jedes Element durch entsprechende Nahrungsmittel bedient werden. Für eine erste Orientierung finden Sie im Internet Tabellen, in denen einzelne Nahrungsmittel den Elementen zugeordnet sind.[11] Dort finden Sie auch weiterführende Hinweise zur Ernährung nach den fünf Elementen und Literaturhinweise.

Suchen Sie sich eine Fünf-Elemente-Tabelle für Nahrungsmittel heraus und kombinieren Sie dann die unterschiedlichen Nahrungsmittel miteinander. Die einzige Grundregel besteht darin, jedes Element gleichwertig zu nutzen. Beim Kochen können Sie zu diesem Zweck die Kreismethode (»Kochen im Kreis«) anwenden. Diese Methode stellen die Ernährungsberaterin Barbara Temelie und die Heilpraktikerin Beatrice Trebuthin in ihrem Fünf-Elemente-Kochbuch vor, das 2009 im Joy Verlag erschienen ist. Die Kreismethode beim Kochen kommt in der Theorie der TCM zwar nicht vor, in der Praxis wird sie aber längst angewendet: Man gibt die Zutaten in einer bestimmten Reihenfolge in den Kochtopf – und zwar in der Reihenfolge der fünf Elemente. So wird der energetische Kreislauf beim Kochen eingehalten und die Mahlzeit wird ausgewogen, bekömmlich und lecker.

Da es sich um einen Kreislauf handelt, spielt es keine Rolle, an welcher Stelle Sie ansetzen. Bereits die Verwendung einer heißen Pfanne kann dem Feuerelement zugerechnet werden. Wasser in einem Topf ist das Wasserelement. Wird es erhitzt, wird es ebenfalls zum Feuerelement. Sie können auch mehrere Zutaten eines Element zugeben, um Ihre Mengenverhältnisse anzupassen. Wichtig ist nur, dass Sie keinesfalls Elemente überspringen oder die Reihenfolge verändern.

---

11 Keller & Herzberg (o. J.), www.5-elemente.org,
   Link im Quellenverzeichnis.

3.2 DIÄTETIK

Kochen gegen Sodbrennen – das hilft gegen Hitze im Magen

Wenn Sie unter Hitze-Symptomen wie Sodbrennen leiden, reduzieren Sie »heiße« Nahrungsmittel (nach der Definition der TCM) und nehmen Sie auch von den »warmen« nur wenig zu sich. Es wäre verkehrt, Ihre Ernährung vollkommen zu ändern und nur noch kalte Nahrungsmittel zu konsumieren. Dadurch würde der Yin-Yang-Haushalt nicht reguliert werden, sondern Sie würden von einem Extrem ins nächste stürzen. Wenn Sie vermehrt heiße Nahrungsmittel verwerten, steigt das Risiko der gegenteiligen Wirkungen: So wie am höchsten Punkt aus Yin Yang wird, bewirken zu viele heiße Nahrungsmittel irgendwann Kälte-Symptome. Wenn Sie Alkohol trinken, werden Sie spüren, dass er wärmend wirkt. Bei übermäßigem Genuss kann er sogar Hitzewallungen auslösen. Wer jedoch zu viel davon getrunken hat, neigt zu Kälte. Naturwissenschaftlich ist das einfach erklärt: Der Alkohol erweitert kurzzeitig die Blutgefäße, wodurch mehr Wärme in die äußeren Körperbereiche fließen kann. Diese Wärme wird aber der Kerntemperatur abgezogen, sodass es zur Unterversorgung innerer Organe kommt.

Scharfe Gewürze wirken ebenso hitzefördernd und sollten gemieden werden. Wenn Sie Ihre Speisen würzen, spüren Sie in Ihren Körper hinein und beobachten Sie, was die Nahrungsmittel bewirken. Um »heiße« Lebensmittel zu identifizieren, können Sie auf vorgefertigte Tabellen zurückgreifen. Dies sollte jedoch nur der erste Schritt sein. Der zweite Schritt sollte eine bewusstere Wahrnehmung sein, die Ihnen die Wirkung von Nahrungsmitteln verrät.

Da Sodbrennen laut der TCM auch mit Emotionen in Verbindung steht, sollten Sie Ihre Gefühle und den Umgang mit ihnen prüfen. Wenn Sie oft wütend werden, zu latenten Aggressionen neigen oder ständig gereizt sind, sollten alle heißen Nahrungsmittel gemieden werden. Warme Nahrungsmittel können ganzjährig genutzt werden, weil sie gegen eindringende äußere Kälte schüt-

3. BEHANDLUNGS- & PRÄVENTIONSMÖGLICHKEITEN

zen. Sie stabilisieren das Immunsystem, ohne es mit unnötiger Hitze zu überfordern. Warme Nahrungsmittel sind beispielsweise Kräuter und bestimmte Gewürze. Bereits in kleiner Menge besitzen sie ein starkes Aroma. Sie wirken nicht füllend und können doch Wärme spenden. Diese Gewürze und Kräuter dienen der Bekömmlichkeit, Verdauung und der Anregung des Appetits. Besonders die Echtheit ihrer Aromen macht Kräuter und Gewürze so kostbar. Verzichten Sie weitgehend auf künstliche Aromen. Diese sind industriell hergestellte Zusatzstoffe. Sie sind nicht mit natürlichen Aromen der Pflanzen zu vergleichen. Wenn Sie Kräuter und Gewürze kaufen, meiden Sie den Supermarkt und ziehen Sie Bioläden vor. Im Supermarkt wird Massenware verkauft. Bei der Herstellung dieser Waren muss möglichst schnell möglichst viel produziert werden. Da bleibt nicht viel Zeit für natürliches Wachstum und sorgfältiges Ernten. Mehr Achtsamkeit beim Einkaufen wird sich langfristig als förderlich für den Zustand Ihres Körpers auswirken. Tasten Sie sich langsam an das umfangreiche Thema der richtigen Ernährung heran und nehmen Sie Erfolge wie Misserfolge mit experimentierfreudiger Neugier auf. Niemand drängt Sie, von heute auf morgen alles zu ändern. Gehen Sie langsam, dafür gleichmäßig vor – eben in Harmonie.

Schonkost bei Sodbrennen

Schonkost meint sämtliche Formen der Ernährung, bei der möglichst leicht verdauliche Nahrungsmittel konsumiert werden, um einen kranken Körper nicht unnötig zu belasten. Unter Schonkost fallen bei Sodbrennen demnach die Ernährungshinweise der TCM und das Vermeiden von Nahrungsmitteln, die das Sodbrennen fördern. Im weiteren Sinn kann auch die basische Ernährung dazugezählt werden, weil sie darauf abzielt, den Säurehaushalt zu regulieren, was über bekömmliche Kost erreicht werden soll. Im engeren Sinne geht es aber vor allem um Ernährungsweisen, die bestimmten Krankheitsprozessen angepasst sind und nicht zwangsläufig auf theoretischen Modellen fußen.

3.2 DIÄTETIK

Wichtig bei der Schonkost ist die Verträglichkeit der Nahrung, um kranke Menschen nicht unnötig mit Verdauungsproblemen zu belasten. Der Begriff »Schonkost« ist rechtlich nicht geschützt, sodass letztlich alles als Schonkost bezeichnet werden kann. Darin besteht ein gewisses Risiko für Hilfesuchende, denn nicht alles, was als Schonkost angepriesen wird, ist auch wirklich schonend. Daher ist bei der Auswahl entsprechender Ratgeber und Rezepte Vorsicht geboten. Prüfen Sie die Hinweise, indem Sie sie mit anderen Ernährungsmodellen und mit Ihren eigenen Erfahrungen vergleichen. So können Sie selbst eine für Sie maßgeschneiderte Schonkost entwickeln.

Schonkost versus leichte Vollkost

Zur traditionellen Schonkost bei Erkrankungen der inneren Organe zählen aus Eiern, Milch und Schleimen bestehende Mahlzeiten. Schleime sind gebundene Suppen oder Breie. Haferschleim dürfte noch vielen als Schonkost bei Magenproblemen bekannt sein. Weil Schonkost nur bei Krankheitsfällen zur Anwendung kommt, wird auch von Krankenkost gesprochen. Es geht also um keine dauerhafte Ernährungsanpassung, sondern um eine Verabreichung leicht verdaulicher Kost, um akute Krankheitsverläufe nicht zu verschlimmern. Teilweise wird auch der Begriff »leichte Vollkost« synonym dazu verwendet. Doch das ist nicht korrekt. Leichte Vollkost zeichnet sich nämlich vor allem dadurch aus, dass eine vollwertige Ernährung erhalten bleibt und nur bestimmte beschwerdeauslösende Lebensmittel weggelassen werden.

Schonende Kost für einen gereizten Magen

Alles, was unnötige Verdauungsaktivität erfordert, gehört nicht zur Schonkost. Das bedeutet, fette, panierte, frittierte, gebratene Speisen sind genauso wegzulassen wie zu stark gewürzte Mahlzeiten. Auf Fleisch sollte ebenfalls verzichtet werden. Auch wenn Obst als gesunde Kost bekannt ist, sollte es nur in kleinen Mengen verzehrt werden. Unreifes Obst sollte überhaupt

3. BEHANDLUNGS- & PRÄVENTIONSMÖGLICHKEITEN

nicht gegessen werden. Verzichten Sie gänzlich auf rohes Obst. Weiterhin sind frische Brote und sämtliche Hefeprodukte zu vermeiden. Knäckebrot oder getoastetes Vollkornbrot sind dagegen unbedenklich – ebenso wie Zwieback. Verzichten Sie auf alle Süßigkeiten und Süßstoffe. Trinken Sie viel klares Wasser oder Kräutertee. Alkohol oder saure bzw. süße Säfte sind zu meiden.

Wenn Sie schwerere Probleme mit Ihrem Magen haben, sollte die Ernährung entsprechend einfach gehalten werden, um Ihr Verdauungssystem nicht zu überfordern. Hierfür bietet es sich an, wenn Sie über einen längeren Zeitraum (circa zwei Wochen) ausschließlich Kartoffeln, Reis oder gekochtes Getreide essen. Das mag zwar ziemlich monoton klingen, aber genau darin liegt der Vorteil für die Verdauung. Der Körper muss nicht unnötig Energie aufwenden, um diese Speisen zu verwerten. Außerdem sollten Sie viel trinken, um die Ausscheidungsfunktionen zu stabilisieren. Trinken Sie so viel, dass Ihr Urin sehr klar bleibt, auch wenn es bedeutet, dass Sie öfter auf die Toilette müssen.

Nebenwirkungen
Bei einer drastischen Schonkost besteht die Gefahr, dass Symptome auftreten, wie sie vom Ernährungsmangel bzw. vom Fasten bekannt sind. Schwindel, Kopfschmerzen, Schwächegefühle oder auch leichte Bauchschmerzen sind weitgehend normale Folgeerscheinungen und sollten als ernährungsbedingt angesehen werden. Sollten Sie verunsichert sein, sprechen Sie mit Ihrem Hausarzt über Ihre Symptome und Ihre Ernährung. Besser ist es, noch vor dem Beginn der Schonkost mit einem Arzt Ihres Vertrauens die Chancen und Risiken abzuwägen. Falls Sie während der Schonkostphase keine beruflichen Verpflichtungen haben, sollten Sie sich ganz und gar Ihrem Körper zuwenden und die Nebenwirkungen der Schonkost ausgleichen – zum Beispiel mit Spaziergängen an der frischen Luft, Entspannungsübungen oder leichter sportlicher Aktivität. Oftmals hilft aber schon ein Aus-

3.2 DIÄTETIK

gleich durch genügend Flüssigkeitszufuhr, um Schwächegefühle oder Kopfschmerzen zu überwinden.

Schritt für Schritt zur richtigen Ernährung

Sie haben Sodbrennen – mal mehr, mal weniger, aber durchaus regelmäßig? Das heißt, Ihr Körper leidet unter einer wiederkehrenden bzw. chronischen Störung. Da vieles darauf hindeutet, dass der moderne Mensch unter schlechten Essgewohnheiten leidet, ist anzuraten, dass Sie damit beginnen, Ihre Ernährung intensiver wahrzunehmen, um dann entsprechende Änderungen einleiten zu können.

Schritt 1: Ernährungsbeobachtung

Bei diesem Schritt geht es darum, den Ist-Zustand zu erfassen. Bevor Sie etwas ändern können, müssen Sie wissen, was Sie ändern wollen. Hüten Sie sich vor blindem Aktionismus und gönnen Sie sich die Zeit, Ihren Körper kennen zu lernen. Dazu gehört eine gründliche Analyse sämtlicher Mahlzeiten, die Sie zu sich nehmen. Wie stehen diese mit Sodbrennen in Verbindung? Liegt es an bestimmten Nahrungsmitteln oder gar an bestimmten Kombinationen von Nahrungsmitteln? Welche Kräuter tun Ihnen gut? Wie fühlt sich Ihr Magen nach dem Abendbrot an? Halten Sie sich an die »goldene Regel der Ernährung«: morgens essen wie ein Kaiser, mittags essen wie ein König und abends essen wie ein Bettler? Notieren Sie sich Ihre Essgewohnheiten, Lieblingsspeisen und Nahrungsmittel, die Sie regelmäßig verzehren? Neigen Sie zu industriell hergestellter Nahrung oder bereiten Sie viele Speisen selbst zu?

Schritt 2: Erste Hilfe

Um Ihren Magen zügig zu entlasten, sollten Sie möglichst schnell damit beginnen, auf Schonkost umzusteigen. Viele Menschen befürchten bei solch einer Ernährungsumstellung einen Verlust an Lebensqualität. Aber ist es das wirklich, wenn Sie damit Ihrem

3. BEHANDLUNGS- & PRÄVENTIONSMÖGLICHKEITEN

Körper helfen können? Schrauben Sie also Ihre Ernährung zurück und verzichten Sie zwei Wochen lang auf die vielen Leckereien, die in der Werbung und im Supermarkt angeboten werden. Beobachten Sie auch bei dieser Ernährungsweise Ihren Körper. Notieren Sie, wie sich die Ernährungsumstellung auf Ihr Sodbrennen auswirkt und welche Begleiterscheinungen auftreten. Während Sie sich in der Schon-Phase befinden, können Sie dazu übergehen, Ihre Ernährung langfristig zu planen. Das wäre dann der dritte Schritt. Gleichzeitig können Sie Hausmittel, Heilkräuter oder andere Therapien anwenden.

Schritt 3: Ernährungsumstellung
Bei diesem Schritt verbinden Sie Theorie und Praxis miteinander. Suchen Sie nach Ernährungsmodellen, die Ihnen sinnvoll erscheinen, und setzen Sie sie für Ihren individuellen Fall um. Dabei sollten Sie konsequent bleiben und nicht in alte Verhaltensmuster zurückfallen. Sehen Sie das Sodbrennen als Chance, Ihre Ernährung bewusst zu gestalten. Vielleicht sagen Ihnen die Ansätze der TCM zu, dann besorgen Sie sich weitere Literatur zur Ernährung nach den fünf Elementen und finden Sie zurück in einen natürlichen Ernährungsrhythmus. Wenn Ihnen die basische Ernährung zusagt, konzentrieren Sie sich darauf und lernen Sie die basenbildenden Lebensmittel kennen und nutzen. Entwickeln Sie ein ganz auf Sie zugeschnittenes Ernährungsprogramm und notieren Sie sich, was Sie essen und wie Ihr Körper darauf reagiert. Erst nach einer längeren Experimentierphase werden sich Vorlieben und Abneigungen herausstellen. Nehmen Sie sich diese Zeit! Sie können auch die Angebote von Ernährungsberatern wahrnehmen. In Seminaren oder im Einzelunterricht lernen Sie nicht nur die Theorie der menschlichen Ernährung, sondern auch bekömmliches Kochen. Ernährungsberater geben auch Hilfe beim Einkäufen und können so vor Ort zeigen, worauf Sie achten sollten, wenn Sie die Lebensmittel später verwerten möchten.

3.3 BEWÄHRTE HAUSMITTEL & HEILPFLANZEN

Schritt 4: Langzeitüberwachung
Sie haben es bis Schritt 4 geschafft! Herzlichen Glückwunsch! Ihnen ist das gelungen, was vielen Menschen versagt bleibt: Sie haben Ihre Ernährung umgestellt und bewusst auf die Leckereien der Industrie zum Wohle Ihres Körpers und der eigenen Gesundheit verzichtet. Bleiben Sie auf diesem Kurs und beobachten Sie Ihren Körper – auch über die Linderung des Sodbrennens hinaus. Versuchen Sie unterschiedliche Rezepte, kombinieren Sie immer wieder neue Zutaten und vergleichen Sie Ihre Ergebnisse mit den vorherigen Notizen. Sollten Sie ab und zu rückfällig werden und von kleinen Naschereien in Versuchung geführt werden, dürfte dies in dieser Phase nicht weiter tragisch sein, solange Sie Ihre Hauptmahlzeiten bekömmlich zubereiten. Sollte sich das Sodbrennen zurückmelden, prüfen Sie mithilfe Ihrer Aufzeichnungen, woran es liegen könnte. Im akuten Fall können Sie jederzeit wieder auf Schonkost umsteigen und gewissermaßen einen Magen-Neustart durchführen. Konsultieren Sie aber unbedingt einen Arzt, wenn keine Besserung der Beschwerden eintritt.

3.3 Bewährte Hausmittel & Heilpflanzen

Die Ernährungsumstellung kann – besonders im akuten Fall – durch zusätzliche Maßnahmen ergänzt werden, mit denen die Beschwerden gelindert werden können. Dabei haben sich Hausmittel und Heilkräuter besonders bewährt, denn sie sind mit einem jahrhundertealten Erfahrungsschatz verbunden. Die Wirkung der Volksheilmethoden wurde früher nicht in Laboratorien getestet, sondern direkt am Krankheitsfall. Was half, wurde an die anderen weitergegeben. Was nicht half, wurde weggelassen. Klassischerweise werden zu den Hausmitteln auch Heilpflanzen gezählt. Der Übersicht halber wird jedoch zwischen Heilpflanzen und anderen Hausmitteln unterschieden, weil die Heilpflan-

3. BEHANDLUNGS- & PRÄVENTIONSMÖGLICHKEITEN

zen aufgrund ihrer Vielzahl an Anwendungsmöglichkeiten ein eigenes Kapitel verdienen.

Bei den folgenden Anwendungsbeschreibungen beachten Sie bitte mögliche Allergien oder andere Unverträglichkeitsreaktionen. Brechen Sie die Selbstbehandlung sofort ab, wenn Nebenwirkungen auftreten, und beraten Sie sich mit Ihrem Hausarzt über das weitere Vorgehen. In der Regel gelten Hausmittel als nebenwirkungsarm, dennoch besteht immer ein Risiko – gerade bei falscher Dosierung oder vorhandenen Allergien. Bleiben Sie trotz der Anwendung von Hausmitteln wachsam und beobachten Sie den Krankheitsverlauf. Damit senken Sie das Risiko, bei einer Verschlechterung der Symptome ärztliche Hilfe zu spät in Anspruch zu nehmen.

Heilkräuteranwendungen

Heilkräuter haben in der Menschheitsgeschichte eine lange Tradition. Auch wenn die synthetischen Medikamente ihre massenweise Anwendung weitgehend verdrängt haben, werden sie noch immer bei schwächeren Symptomen eingesetzt. Vor allem bei Magen-Darm-Problemen oder Atemwegserkrankungen sind Heilkräuter nach wie vor beliebt. Wer kennt nicht den guten alten Kamillentee gegen Bauchschmerzen oder rohe Knoblauchzehen als natürliches Antibiotikum? Heilkräuter können bei Sodbrennen helfen, indem sie den Magen beruhigen, die Magenflora stärken, die Verdauungsaktivität fördern oder ganz allgemein die Abwehrkräfte stabilisieren.

Brennnessel

Sie werden die Brennnessel vermutlich von Ihren Wanderungen kennen. Sie steht am Wegesrand und ehe man sie sieht, hat man sie gestreift und die Haut beginnt zu jucken. Der Saft aus der Brennnessel wirkt übrigens hervorragend gegen diesen Juckreiz. In der Heilkunde wird sie bei Arthrose, Arthritis, Prostatabeschwerden oder Blasenproblemen eingesetzt. Sie wirkt

3.3 BEWÄHRTE HAUSMITTEL & HEILPFLANZEN

aber auch bei entzündlichen Darmerkrankungen und kann die Verdauung positiv beeinflussen. Darüber hinaus enthält die Brennnessel eine Fülle an Nährstoffen, sodass sie auch bei guter Gesundheit ein optimales Nahrungsergänzungsmittel darstellt. Sie hat entgiftende Eigenschaften und stimuliert die Leber- und Gallenfunktionen. Nach der TCM können Leberprobleme zu Magenstörungen führen, weshalb die Brennnessel eine geeignete Hilfe gegen leberbedingte Magenprobleme ist.

Die einfachste Anwendung besteht darin, Brennnesseltee zu trinken. Pflücken Sie möglichst junge, frische Brennnesselblätter. Zerschneiden Sie sie in kleine Stücke, sodass sich eine Menge ergibt, die einem gehäuften Teelöffel entspricht. Geben Sie die Brennnesselblätter in eine Teekanne. Lassen Sie anschließend einen Viertelliter Wasser kochen und gießen Sie es über die Kräuter. Bei frischen Blättern reicht es, wenn Sie den Tee eine halbe Minute ziehen lassen. Maria Treben (1907–1991), eine weltbekannte österreichische Kräuterkundlerin, soll gesagt haben, der Tee müsse für eine optimale Wirkung hellgelb oder hellgrün sein. Wenn Sie allerdings getrocknete Blätter verwenden, sollte die Ziehzeit circa zwei Minuten sein. Je nach Bedarf können Sie ein bis drei Tassen täglich trinken. Zur Vorbeugung empfiehlt Maria Treben ganzjährig pro Tag eine Tasse Brennnesseltee.[12]

Schafgarbe
Die Schafgarbe ist ein Heilkraut, welches vor allem bei Frauenleiden wie Wechseljahresbeschwerden, Gebärmuttervorfällen, Eierstockentzündungen oder Menstruationsbeschwerden verwendet wird. Dem Tee wird aber auch eine positive Wirkung auf sämtliche Organe des Verdauungstraktes zugesagt. Er hilft gegen Hämorrhoiden genauso wie gegen Magendruck, Sodbrennen, Leberstörungen oder Entzündungen im Magen-Darmtrakt. Schafgarbe ist ein weit verbreitetes Kraut, das an Wegesrändern,

---

12 Treben 1982, S. 15.

3. BEHANDLUNGS- & PRÄVENTIONSMÖGLICHKEITEN

Feldwegen oder auch am Rand von Getreidefeldern wächst. Für eine Teezubereitung können Sie Blätter und Blüten verwenden. Schneiden Sie wie beim Brennnesseltee die Kräuter in kleine Stücke, sodass Sie einen gehäuften Teelöffel füllen können. Bereiten Sie den Tee dann genauso zu wie den Brennnesseltee.

Kamille
Die Kamille ist eine wunderbare Heilpflanze, denn sie liegt dem Menschen nicht nur nahezu überall zu Füßen, sie kann auch bei vielen unterschiedlichen Erkrankungen helfen. Sie wächst gerne auf Äckern, Waldwiesen, Halden, in Getreide-, Kartoffel- oder Maisfeldern und in größeren Kleestellen. Wenn Sie die Kamille von Äckern pflücken, sollten Sie darauf achten, dass kein Kunstdünger in der Nähe verwendet wurde. Ansonsten suchen Sie an anderen Stellen nach den Pflanzen. Die Kamille als eine Art »Allheilmittel« wird gerne auch Kindern verabreicht. In der Anwendung als Kräutertee hilft sie gegen sämtliche Magen-Darm-Symptome, Fieberschübe, Zahnschmerzen oder Wundschmerzen. Sie ist also auch zu empfehlen, wenn die Magensäure bis in die Mundhöhle gelangt sein sollte. Der Tee wird genau wie der Brennnessel- oder Schafgarbentee zubereitet. Verwenden Sie eher die Blüten und weniger die Blätter. Die frischen Blüten können Sie sofort aufbrühen. Sie können aber auch getrocknete verwenden.

Wacholder
Der Wacholder ist ebenfalls weit verbreitet und wird zudem gerne in Gärten gepflanzt. Auch wenn er dort vor allem wächst, weil er hübsch anzusehen ist, birgt der Wacholder noch viele weitere Schätze. Er kann nämlich – ähnlich wie die Kamille – gegen vielerlei Beschwerden eingesetzt werden. Er hilft bei Verdauungsstörungen, Harnwegsstörungen, Atemwegserkrankungen und Infektionskrankheiten. Von den Pflanzenteilen können Beeren, Nadeln, Holz und Wurzeln verwendet werden, wobei die Wacholderbeeren die bekanntesten Pflanzenteile sein dürften.

3.3 BEWÄHRTE HAUSMITTEL & HEILPFLANZEN

Während ein Wacholdersirup bakteriellen Husten lindert, hilft der Wacholdertee bei Verdauungsproblemen. Wer seine Verdauung im Allgemeinen fördern will, ist mit dem Wacholdertee genauso gut beraten wie jemand, der Entzündungen im Magen-Darm-Trakt lindern möchte. Pflücken Sie reife Wacholderbeeren und zerquetschen Sie diese. Verwenden Sie nur so viel, dass Sie einen gehäuften Teelöffel erhalten. Lassen Sie anschließend einen Viertelliter Wasser kochen und übergießen Sie die Beeren in einer Tasse. Die empfohlene Ziehzeit liegt bei fünf bis zehn Minuten.

Bei chronischen Verdauungsproblemen können Sie den Wacholder mit Brennnesseln, Schafgarbe, Ackerschachtelhalm, Tausendgüldenkraut, Bittersüß und Birkenblättern ergänzen. Die Menge der Mischung sollte ebenfalls einem Teelöffel entsprechen, der mit einem Viertelliter aufgekochtem Wasser übergossen wird. Lassen Sie den Tee zehn bis 15 Minuten abgedeckt ziehen. Trinken Sie diesen Tee immer nur schluckweise vor dem Essen.

 Schnelle Hilfe gegen Sodbrennen verspricht auch das Kauen der Wacholderbeeren. Nehmen Sie drei oder vier Beeren in den Mund und kauen Sie sie langsam. Passen Sie aber auf, dass Sie die Wacholderbeeren nicht schlucken!

Gelber Enzian
Diese Heilpflanze steht unter Naturschutz und sollte daher über Apotheken, Kräuterhändler oder Drogerien bezogen werden. Für die Heilwirkungen wird vor allem die Wurzel verwendet. Ihre starken Bitterstoffe regen die Verdauung an und können bei sämtlichen Magen-Darm-Problemen lindernd wirken. Gehen Sie bei der Teezubereitung vorsichtig vor, denn bereits eine kleine Menge Gelber Enzian ist vollkommen ausreichend. Übergießen Sie erst einmal nur einen halben Teelöffel der getrockneten Stücke der Enzianwurzel mit einem Viertelliter kochendem Wasser. Als Ziehzeit haben sich fünf bis zehn Minuten bewährt.

3. BEHANDLUNGS- & PRÄVENTIONSMÖGLICHKEITEN

Als Tinktur kann der Gelbe Enzian bei Beschwerden während oder nach den Mahlzeiten helfen. Dazu reicht es, wenn Sie vor den Mahlzeiten zehn bis 20 Tropfen einnehmen. Die Tinktur stellen Sie wie folgt her: Übergießen Sie kleingeschnittene Enzianwurzeln mit Doppelkorn oder Weingeist. Lassen Sie den Ansatz je nach Bedarf zwei bis sechs Wochen in einem verschlossenen Glas ziehen.

 Achtung: Die Bitterstoffe regen die Magensaftproduktion an. Deshalb ist der Gelbe Enzian vor allem bei Magensäuremangel zu empfehlen und bei Magensäureüberschuss zu meiden.

Löwenzahn

Der Löwenzahn ist weit verbreitet und wächst vorrangig auf Grasflächen oder Wiesen. Je nach Region gibt es sogar ganze Blütenteppiche, wenn der Löwenzahn im April oder Mai gelb erstrahlt. Die Pflanze wird bei Gallen- und Leberstörungen sowie bei Magenproblemen eingesetzt. Im Magen wirkt der Löwenzahn positiv auf die Magensäfte. Zudem reinigt er das Organ von festgesetzten Stoffen. Das Kraut regt die Verdauung an, ist schweiß- und harntreibend und wirkt blutreinigend. Für den Löwenzahntee werden die Wurzeln zuerst als Kaltaufguss zubereitet: Geben Sie einen gehäuften Teelöffel der Wurzeln in einen Viertelliter kaltes Wasser und setzen Sie dies über Nacht an. Bringen Sie am nächsten Tag Ihren Tee zum Kochen und seihen Sie ihn anschließend ab. Trinken Sie den Tee jeweils eine halbe Stunde vor und eine halbe Stunde nach dem Frühstück.

Thymian

Thymian dürfte vielen als Gewürzpflanze bekannt sein. Er wird aber auch als Heilpflanze gegen Husten oder Infektionskrankheiten genutzt. Obwohl er vorrangig gegen Erkrankungen der Atemorgane verwendet wird, hilft er auch bei Verdauungsbeschwerden und Stoffwechselstörungen. Thymian wirkt antibiotisch und entzündungshemmend. Im Magen-Darm-System

3.3 BEWÄHRTE HAUSMITTEL & HEILPFLANZEN

helfen seine ätherischen Öle und Bitterstoffe, die Verdauungsorgane zu stärken. Die Verdauung wird bereits positiv angeregt, wenn Thymian als Gewürz verwendet wird. Als Tee wirkt er gegen Blähungen und Sodbrennen. Für die Teebereitung können Sie die Blätter und Blüten verwenden. Geben Sie auf einen gehäuften Teelöffel einen Viertelliter gekochtes Wasser und lassen Sie den Tee circa fünf Minuten ziehen.

Sellerie
Sellerie gibt es in circa 30 Arten, doch nur der Echte Sellerie wird als Heil- und Nutzpflanze verwendet. Die Pflanze war bereits im alten Griechenland als Nahrungsmittel bekannt, und auch heute wird der Sellerie vor allem in der Küche verwendet. Seine heilende Wirkung ist in den Hintergrund getreten, doch Sodbrennen ist Grund genug, sie wieder in den Vordergrund zu rücken. Der Sellerie wirkt gegen Sodbrennen in Form eines Tees: Hacken Sie hierzu frische Sellerieblätter in kleine Stücke und geben Sie eine Handvoll in einen Topf. Lassen Sie es in einem Liter Wasser aufkochen und anschließend fünf Minuten abgedeckt ziehen. Nach dem Abseihen trinken Sie den Tee am besten nach den Mahlzeiten.

Sellerie reduziert die Magensäurebildung. Deshalb kann er auch gut als Beilage oder Salat gegessen werden. Er neutralisiert einen zu hohen Säuregehalt im Magensaft. Das war schon im 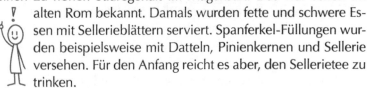 alten Rom bekannt. Damals wurden fette und schwere Essen mit Sellerieblättern serviert. Spanferkel-Füllungen wurden beispielsweise mit Datteln, Pinienkernen und Sellerie versehen. Für den Anfang reicht es aber, den Selllerietee zu trinken.

Hinweise zum Umgang mit Heilkräutern
Wenn Sie Ihre Magenbeschwerden mit den vorgestellten Heilkräutern lindern möchten, fangen Sie am besten mit den vorgeschriebenen Mengenverhältnissen an. Später können Sie die Verhältnisse probeweise verändern, um zu sehen, was Ihnen gut

3. BEHANDLUNGS- & PRÄVENTIONSMÖGLICHKEITEN

tut und was nicht. Auch die Ziehzeiten für die Tees können Sie variieren. Wenn Sie in der Literatur oder im Internet nach Rezepten forschen, werden Sie feststellen, dass es zu ein und demselben Tee viele unterschiedliche Rezeptvorschläge gibt. Das liegt daran, dass jeder Körper anders reagiert und jeder Mensch seine eigenen Vorlieben und persönlichen Erfahrungen hat. Nehmen Sie die Hinweise der anderen als Anregung und probieren Sie sie aus. Nur so können Sie herausfinden, was für Sie gut ist und was nicht. Achten Sie darauf, die Extreme zu meiden: Ein Zuviel ist genauso schlecht wie ein Zuwenig. Finden Sie für sich das richtige Maß!

Sie können fertige Teemischungen oder Kräuter über Bioläden, Apotheken oder Kräuterhändler beziehen. Das ist natürlich ein bequemer Weg, um an die Heilpflanzen zu gelangen. Weit umständlicher ist es, die Pflanzen selbst zu pflücken, zu trocknen, zu lagern und vorzubereiten, doch dafür erhalten Sie das frischeste Ergebnis. Vielleicht haben Sie ja Lust, einen kleinen Kräutergarten anzulegen, dann hätten Sie immer die passenden Kräuter parat. Das können Sie auch in Ihrer Wohnung tun, in Blumenkästen, auf dem Balkon, im Hof oder im Garten. Wenn Sie sich Samen einlagern, können Sie jedes Jahr neue Pflanzen säen und so Ihren Vorrat immer wieder aufstocken. Wenn Sie die Kräuter unterwegs sammeln möchten, halten Sie sich an die einfache Regel: Blüten nur zur Blütezeit, Blätter nur zur Blütezeit, Wurzeln nur im Frühjahr oder Herbst und Früchte nur zur Reifezeit. Verwenden Sie keine Plastiktüten für den Transport, denn darin würden die Kräuter zu schwitzen beginnen. Und natürlich sollte sich Ihre Sammelwut in Grenzen halten! Schonen Sie die Natur und nehmen Sie nur so viele Kräuter mit, wie Sie auch wirklich brauchen, und gehen Sie sorgsam mit der Umwelt um. Hinterlassen Sie keinen Unrat an den Sammelstellen und behandeln Sie jede Pflanze mit Respekt. Vermeiden Sie unnötiges Abreißen, Drücken oder Quetschen.

3.3 BEWÄHRTE HAUSMITTEL & HEILPFLANZEN

Hausmittel

Hausmittel sind alle Formen der Selbstmedikation, die mit alltäglichen Dingen praktiziert werden kann. Die Hausmittel beschränken sich auf einfache, praktikable und möglichst natürliche Anwendungen. Während in früheren Zeiten die Hausmittel noch eine zentrale Rolle im Alltag der Menschen spielten, haben sie heutzutage diese Rolle eingebüßt. Frei erhältliche Medikamente scheinen vielen Menschen lieber zu sein als der Rückbezug auf natürliche Heilmittel. Statt erst einmal die eigenen Hausmittel bei Schnupfen einzusetzen, geht der moderne Mensch entweder gleich zum Arzt oder in die Apotheke.

Früher waren die alten Hausmittel jedoch lebensnotwendig. Nicht immer konnte ein Arztbesuch bezahlt werden, und gerade in ländlichen Regionen gab es nur wenige Ärzte, sodass die Menschen der Natur und ihren eigenen medizinischen Erfahrungen vertrauen mussten. Diese Erfahrungen sind in den Hausmitteln überliefert und stehen Ihnen heute immer noch zur Verfügung. Nutzen Sie das Wissen Ihrer Vorfahren und geben Sie den Hausmitteln eine Chance. Nehmen Sie sie für einen Zeitraum von vier bis sechs Wochen ein, aber keinesfalls auf Dauer – auch wenn es sich bei einigen der Heilmittel um herkömmliche Nahrungsmittel handelt! Sollte es nach dieser Zeit zu keiner Besserung der Symptome oder gar zu Verschlimmerungen gekommen sein, ist es empfehlenswert, Ihren Hausarzt konsultieren.

Sie haben die Möglichkeit, die nebenwirkungsarmen Heilmittel zu probieren und so Ihrem Körper zu helfen. Wenn es sich nicht um schwerwiegende Symptome handelt, sollten diese Maßnahmen Ihre Erste Hilfe sein, denn anders als bei synthetischen Medikamenten kommt bei den Hausmitteln neben den schon genannten geringen Nebenwirkungen ein weiterer positiver Effekt hinzu: die Anregung der Selbstheilungskräfte des Körpers statt die künstliche Beeinflussung bestimmter Körperfunktionen.

3. BEHANDLUNGS- & PRÄVENTIONSMÖGLICHKEITEN

Hoch schlafen
Damit die Schwerkraft nicht dazu beiträgt, den Magensaft in die Speiseröhre zurückzudrücken, hilft es, Ihren Oberkörper höher zu betten als Ihren Unterkörper. Legen Sie dafür mehrere Kissen übereinander. Wenn Sie ein verstellbares Bett haben, genügt es, das Kopfende hochzustellen.

Nüsse und Mandeln
Gegen Sodbrennen sind Nüsse und Mandeln altbewährte Hausmittel. Es heißt, dass Sie die Nüsse und Mandeln zu einem ordentlichen Brei zerkauen müssen. Bereits darin liegt das Geheimnis ihrer Wirkung: Das intensive Kauen regt die Speicheldrüsen an und es kommt zu einer höheren (basischen) Speichelproduktion. Außerdem ist der Brei, wenn er im Magen ankommt, bereits gut zerkleinert, was verdauungsfördernd ist.

Kartoffeln
Während die einen sagen, es würde helfen, eine kleine rohe Kartoffel zu essen, sagen die anderen, dass der Saft der rohen Kartoffel das eigentliche Heilmittel darstelle. Dieser sollte vor dem Essen getrunken werden, um bei Magensäureüberschuss die Magensäure zu binden. Eine Alternative besteht im Trinken des Abkochwassers gekochter Kartoffeln. Wenn Sie den Saft roher Kartoffeln trinken möchten, achten Sie darauf, nur geringe Mengen zu konsumieren, da rohe Kartoffeln Solanin, ein giftiges Alkaloid, enthalten! Grüne und keimende Stellen sollten beim Schälen gründlich entfernt werden, da hier Solanin besonders angesammelt ist. Der Saft roher Kartoffeln enthält viele Minerale und Salze, weshalb er als Hausmittel gegen Sodbrennen angeraten wird. Zur Saftproduktion reicht es, wenn Sie die rohe Kartoffel fein verreiben. Als Kur wird empfohlen, drei Wochen lang zweimal täglich vor den Mahlzeiten die Menge eines halben Rotweinglases an Kartoffelsaft zu trinken.

3.3 BEWÄHRTE HAUSMITTEL & HEILPFLANZEN

Natronpulver

Kaisernatron sollte in keiner Küche oder Hausapotheke fehlen. Es ist ein kleines Wundermittel und in seiner Anschaffung äußerst günstig. Gegen Sodbrennen wird es bereits lange Zeit als Hausmittel angewendet. Geben Sie einen Teelöffel Natron in ein Glas stilles Wasser. Rühren Sie gut um und trinken Sie anschließend in kleinen Schlucken das Glas aus. Die positive Wirkung sollte sich schnell bemerkbar machen. Natron ist basisch und kann die Magensäure neutralisieren. Es sind aber auch einige Nebenwirkungen von Kaisernatron bekannt, weshalb es heutzutage nur selten empfohlen wird. Nachdem die Wirkung im Magen nachgelassen hat, kommt es möglicherweise zu einer Magensäureüberproduktion. Wenn Sie Natron zu oft einnehmen, kann es zu Stoffwechselproblemen kommen, weil Sie den pH-Wert künstlich erhöhen. Darüber hinaus reagiert Natron mit der Salzsäure im Magen, sodass es zu Kohlendioxidbildungen kommt. Wenn Sie schnelle Hilfe gegen Sodbrennen suchen, sich über die möglichen Nebenwirkungen von Natron im Klaren sind und Kaisernatron nicht regelmäßig und in kleinen Mengen einnehmen, können Sie es als Hausmittel anwenden. Doch bevor Sie zu diesem Mittel greifen, sollten Sie die anderen Hausmittel und Heilpflanzen probiert haben. Gerade die Heilpflanzen sind nebenwirkungsärmer und in ihrer Wirkung nicht minder stark.

Honig

Honig schmeckt nicht nur ausgesprochen lecker, sondern ist von alters her ein bekanntes Heilmittel in unterschiedlichen Kulturkreisen. Sowohl die Germanen als auch die Ägypter nutzten Honig für die Nahrungszubereitung oder als Heilmittel. Honig wirkt antibakteriell und entzündungshemmend. Denken Sie nur an Ihre Kindertage zurück, in denen es Milch mit Honig gegen Husten und Halsschmerzen gab. Doch nicht jeder Honig wirkt gleich heilsam. Es gibt speziellen Honig in Apotheken zu kaufen.

3. BEHANDLUNGS- & PRÄVENTIONSMÖGLICHKEITEN

Wenn Sie auf einen Gang zur Apotheke verzichten möchten, suchen Sie bei einem Honighändler nach kaltgeschleudertem Honig. Honig sollte nicht über 40 Grad erhitzt werden, um seine heilende Wirkung nicht zu zerstören. Essen Sie je nach Bedarf einen Esslöffel Honig. Dieser wirkt nicht nur gegen Sodbrennen, sondern auch gegen Verstopfung. Dem neuseeländischen Manuka-Honig wird sogar eine effektive antibiotische Wirkung gegen Helicobacter pylori nachgesagt. 1994 wurde die positive Wirkung des Honigs gegen diese Bakterien in einer Studie nachgewiesen.[13]

Leinsamen
Leinsamen regen die Verdauungsaktivität an, helfen bei Verstopfung, trägem Stuhlgang und auch bei Sodbrennen. Um gegen Sodbrennen zu helfen, wird ein Leinsamenschleim hergestellt, der geschluckt wird. Anschließend legt er sich schützend auf die Magenwand und ergänzt so den Magenschleim in seiner Schutzfunktion. Kochen Sie hierfür einen Esslöffel Leinsamen mit einem Viertelliter Wasser auf und lassen Sie das Ganze eine halbe Stunde kochen. Seihen Sie den Schleim ab und trinken Sie über den Tag verteilt mehrmals kleine Portionen.

Senf und Essig
Zieht sich Ihr Gaumen schon zusammen? Sie ahnen es! Ja, richtig: Gegen Sodbrennen hilft es, Senf zu schlucken. Wem das nicht reicht, der kann Essig trinken. Auch wenn scharfe oder saure Nahrungsmittel immer wieder als Auslöser für Sodbrennen genannt werden, konnten sich Senf und Essig bis heute als Hausmittel gegen Sodbrennen bewähren. Essig ist stark säurehaltig. Er wirkt also bei Magensäuremangel. Außerdem kann Essig den Schließmuskel zwischen Speiseröhre und Magen stimulieren. Dieser sollte sich im Normalfall schließen, wenn es zum Kontakt

---
13 Al Somal et al. 1994, S. 9–12.

3.3 BEWÄHRTE HAUSMITTEL & HEILPFLANZEN

mit Magensäure kommt. Wenn der Schließmechanismus nicht hundertprozentig funktioniert, kann der Essig nachhelfen, indem er einen »Säureschock« auslöst und so den Schließmuskel an seine Funktion erinnert. Wenn Sie Essig trinken, werden Sie merken, wie sich alles in Ihnen zusammenzieht. Für die Essiganwendung geben Sie einen Teelöffel Essig in ein halbes Glas Wasser und trinken Sie es nach den Mahlzeiten.

Senf wirkt basisch und kann bei Magensäureüberschuss den pH-Wert wieder neutralisieren. Er enthält kleine Mengen Essig, sodass dieser auf seine Weise ebenfalls wirken kann. Es ist ausreichend, bei akutem Sodbrennen einen Teelöffel Senf zu essen. Achten Sie darauf, nur milde oder höchstens mittelscharfe Varianten zu verzehren. Testen Sie Essig und Senf zunächst in kleinen Mengen, um zu sehen, ob Ihnen diese Hausmittel gut tun oder nicht.

Bananen

Hin und wieder findet man Bananen unter den Sodbrennauslösern. Es gibt aber auch Überlieferungen, wonach Bananen als Hausmittel Sodbrennen lindern können. Wenn Sie möchten, machen Sie daraus Ihr persönliches Experiment! Nehmen Sie sich die Zeit und testen Sie die Wirkung von Bananen auf Ihr Sodbrennen. Sie werden von manchen Menschen nämlich als natürliche Möglichkeit, die Verdauung zu regulieren, eingesetzt. Dass sie stopfend wirken sollen, gilt jedoch längst als widerlegt. Bananen sind allerdings immer noch bei Durchfall ein beliebtes Mittel der Wahl. Die enthaltenen Ballaststoffe wiederum regen im Magen zudem die Schleimproduktion an und sie wirken antibakteriell. Der Schleim schützt die Magenschleimhaut vor Säure.

 Wenn Sie die hier vorgestellten Hausmittel und Heilpflanzen testen möchten, um zu sehen, welche Ihnen helfen und welche nicht, verwenden Sie bitte nur kleine Mengen und führen Sie ein Tagebuch über Mengen, Uhrzeit der Einnahmen und Zubereitung der Mittel. Erst durch diese

3. BEHANDLUNGS- & PRÄVENTIONSMÖGLICHKEITEN

Notizen machen Sie sich ein vollständiges Bild über die natürliche Medizin und deren Wirkungen auf Ihren Körper.

3.4 Akupressur & Massage

Klaus war der Abend mit dem vielen Sodbrennen äußerst unangenehm. Doch bevor er zu synthetischen Medikamenten greift, will er alternative Therapien ausprobieren. Bei seinen Recherchen zur Naturheilkunde ist er auf die schon weiter oben beschriebene Traditionelle Chinesische Medizin (TCM) gestoßen. Neben dem bereits erwähnten Ernährungsprogramm bietet die TCM viele weitere Anwendungen, die auch von Laien praktiziert werden können.

In diesen Therapien der TCM wird versucht, direkt auf die Energieleitbahnen einzuwirken. Weil diese jedoch sehr unterschiedlich im Körper verlaufen, ist ein punktgenaues Berühren der Meridiane erforderlich. Deshalb kommen bei den Akupunktur-Behandlungen feine Nadeln zum Einsatz. Mit diesen können auch tieferliegende Punkte auf den Leitbahnen stimuliert werden. Der Vorläufer der Akupunktur ist die Akupressur. Bei ihr werden keine Nadeln verwendet, sondern die Finger. Mit diesen wird ein stumpfer Druck auf die Meridiane ausgeübt, um die Energien im Körper zu regulieren. Die Methode ist auch als Akupunktmassage bekannt und kann in der chinesischen Volksmedizin auf eine lange Tradition zurückblicken. Die Anwendung hat kaum Nebenwirkungen und kann gefahrlos von Laien durchgeführt werden.

Neben der chinesischen Akupressur können auch andere Formen von Massagen praktiziert werden, um die inneren Organe positiv zu beeinflussen. Bei Sodbrennen sind Bauchmassagen besonders wirkungsvoll. Aber auch Ganzkörpermassagen, die der Entspannung dienen, können helfen, stressbedingtes Sodbrennen in den Griff zu bekommen. Bei allen Massagen gilt es, das rechte

3.4 AKUPRESSUR & MASSAGE

Maß an Berührung zu finden – vor allem, wenn Sie von jemand anderem massiert werden.

Akupressur

Die Akupressur gehört zur Tuina. Die Tuina ist eine chinesische Massageform, in der auch westliche Therapieansätze wie die Chiropraktik berücksichtigt werden. In diesem Bereich der TCM gibt es unterschiedliche Techniken, um die Lebensenergie im Körper zu regulieren. Es ist auf diese Weise möglich, sowohl Organe zu erreichen als auch Blockaden in den Energieleitbahnen zu lösen. Korrekt angewendet kann Tuina das Gleichgewicht von Yin und Yang bzw. die Harmonie der fünf Elemente bewirken. In der Akupressur kommen Finger, Daumen, Handflächen, Ellbogen und Füße zum Einsatz. Außerdem gibt es spezielle Akupressurgeräte. Je nach Anwendungsform können schiebende, reibende, drückende, ziehende oder klopfende Bewegungen ausgeführt werden. Für eine von Laien praktizierte Anwendung gibt es spezielle Hinweise zu einzelnen Punkten auf den Energiebahnen, die stimuliert werden können. Für ein besseres Körper- und Massageverständnis ist aber Hintergrundwissen über die Punkte, deren Leitbahnen und die Funktionskreise unerlässlich. Im Prinzip verhält es sich damit wie mit einem Auto: Sie können eines fahren und wissen, wo Sie was bedienen müssen. Sie wissen aber nicht, wie das Auto in seiner Ganzheit funktioniert. Erst wenn Sie sich näher mit der Technik der Automobile befassen, lernen Sie, warum was wie in Ihrem Wagen funktioniert. Je mehr Sie darüber wissen, desto besser können Sie selbst Reparaturen vornehmen oder ein Tuning durchführen. So ist es auch mit der TCM und Ihrem Körper: Sie können zwar bestimmte Punkte massieren und erhalten auch eine entsprechende Wirkung. Aber solange Sie nicht wissen, warum und wie diese Wirkung zustande kommt, können Sie die Zustände Ihres Körpers nur beschreiben, aber nicht erklären, was jedoch die Grundlage für gezielte Änderungen

3. BEHANDLUNGS- & PRÄVENTIONSMÖGLICHKEITEN

ist. Um Sodbrennen zu lindern oder vorzubeugen, ist dies allerdings nicht zwingend erforderlich. Hier reicht es, ein paar Grundgriffe und Erste-Hilfe-Punkte zu kennen, die bei Bedarf massiert werden können.

Akupressur im Alltag

Akupressur kann nahezu immer und überall angewendet werden. Sie brauchen dazu lediglich Ihre Hände. Bevor Sie mit den Massagen beginnen, müssen Sie die Punkte an Ihrem Körper finden. In den Schemata und Beschreibungen der entsprechenden Literatur finden Sie dazu erste Hinweise. Doch weil jeder Körper einmalig ist, müssen Sie die Punkte auf Ihrem Körper erst einmal finden – das ist nicht immer leicht. Es gibt bestimmte Alarmpunkte, die bei akuten Störungen besonders sensibel sind und schon bei leichtem Druck reagieren. Diese Punkte sind daher recht einfach zu finden. Andere Punkte müssen Sie dagegen in aller Ruhe ausfindig machen. Wenn Sie einen Punkt finden möchten, dessen Position Sie auf einem Schema bereits entdeckt haben, suchen Sie den entsprechenden Ort an Ihrem Körper mit den Fingern ab und beginnen Sie in dieser Körperregion mit leichten Reibe- und Druckbewegungen. Sobald Sie sich dem Punkt nähern, werden Sie eine Änderung spüren: Entweder der Punkt reagiert mit leichtem Druckempfinden oder Schmerz – oder Sie bekommen das Gefühl, an einer bestimmten Stelle weiter reiben zu wollen, weil es Ihnen gut tut. Wenn mit Akupunktur-Nadeln die Energiepunkte getroffen werden, entsteht ein leicht kribbeliges Gefühl an der Stelle.

Folgen Sie stets den Anweisungen zu den einzelnen Punkten und versuchen Sie, die geeignete Massagetechnik für Sie herauszufinden. Das beinhaltet auch die Zeitdauer und Stärke des Drucks, den Sie ausüben. Beachten Sie, dass die Behandlung mit Akupressur leicht schmerzhaft sein darf, weil Sie sensible Punkte an Ihrem Körper stimulieren. Bei akuten Beschwerden können

3.4 AKUPRESSUR & MASSAGE

Sie sofort mit der Akupressur beginnen und sie notfalls mehrmals täglich wiederholen. Für die Behandlung sollten Sie ruhig und entspannt sein. Vermeiden Sie Akupressur bei Müdigkeit oder nach dem Essen. Lassen Sie sich genug Zeit, die Punkte zu finden und zu stimulieren. Während Sie massieren, spüren Sie in die jeweilige Körperstelle hinein und werden Sie sich Ihres Körpers dabei zunehmend bewusst. Weil die Energieleitbahnen sowohl auf der linken als auch auf der rechten Körperseite vorhanden sind, sollten Sie beide Seiten akupressieren. Wenn Sie jedoch merken, dass es eine Seite ganz besonders nötig hat, widmen Sie sich ihr und vernachlässigen Sie die andere. Drücken Sie niemals zu viele Punkte. Drei bis vier sollten reichen. Erwarten Sie keine sofortige Linderung. Bei manchen Punkten tritt die Wirkung erst nach 20 Minuten ein. Ältere Menschen sollten länger massieren als jüngere, da die Auflösung der Blockaden meist etwas länger dauert. Zur Akupressur sollten Sie sitzen oder liegen.

In *Abbildung 1* im Anhang finden Sie die im Folgenden beschriebenen Akupunkturpunkte.

Ren 12 – Mitten in der Magenhöhle
Ren 12 ist der zwölfte Punkt auf dem Konzeptionsgefäß Ren Mai. Es verläuft körpermittig und ist deshalb nicht wie die anderen Meridiane auf beiden Körperhälften gespiegelt vorzufinden. Ren 12 befindet sich in der Mitte zwischen Nabel und Brustbeinspitze. Er wird mit einer Fingerspitze stimuliert. Führen Sie circa eine Minute lang einen leichten, dem Uhrzeigersinn folgenden Druck auf den Punkt aus.

Pe 6 – Innerer Pass
Dieser Punkt liegt auf der Innenseite des Unterarms, circa zwei Daumenbreiten von der Handgelenksfalte entfernt, genau in der Mitte. Die positiven Wirkungen der Stimulation von Pe 6 bei Erkrankungen im Oberbauch konnten in mehreren kontrollierten

3. BEHANDLUNGS- & PRÄVENTIONSMÖGLICHKEITEN

Studien nachgewiesen werden.[14] Der Punkt kann auch mit den Fingerspitzen massiert werden, aber aufgrund der Anatomie bietet sich eine Massage mit dem Daumen an. Üben Sie im Uhrzeigersinn einen leichten bis mittelstarken Druck für circa eine Minute aus. Wiederholen Sie dann die Akupressur am anderen Arm.

Ma 36 – Drei Meilen am Fuß

Ma 36 gehört zum Magenmeridian. Dieser verläuft vom Kopf über Brust, Unterbauch, Oberschenkel, Unterschenkel in den Fuß bis zur mittleren Zehe. Um Ma 36 zu finden, winkeln Sie Ihr Knie im Sitzen an. Gehen Sie vier Querfinger unter die Kniescheibe und eine Daumenbreite seitlich zur Kante des Schienbeins. Ma 36 wirkt direkt auf den Magen-Milz-Funktionskreis und dient als Fernpunkt zur Hilfe bei sämtlichen abdominellen Erkrankungen (also Erkrankungen im Bauchraum). Sie können den Punkt kräftiger als die bisherigen drücken. Am besten eignet sich der Zeigefinger derjenigen Körperseite, auf der Sie den Punkt massieren. Sie können aber auch zusätzlich Mittel- und Ringfinger für eine großflächige Massage verwenden. Üben Sie wieder einen gleichmäßigen Druck im Uhrzeigersinn aus. Sie können bis zu drei Minuten akupressieren. Danach ist die andere Seite dran.

MP 9 – Quelle am Yin-Grabhügel

Winkeln Sie wieder das Knie an. Diesmal aber nicht so stark, sondern eher in einem stumpfen Winkel zu Ihrem Oberkörper. Der Punkt befindet sich in einer Vertiefung an der Beininnenseite am Übergang zwischen Schienbein und Kniegelenk. Sie finden ihn, wenn Sie eine Querhand unterhalb des Kniegelenkspalts innenseitig am hinteren Rand der Schienbeinkante leichten Druck ausüben. Der Punkt reagiert sehr sensibel und bereits eine kleine Berührung löst leichtes Schmerzempfinden aus. Er gehört dem Milz-Pankreas-Meridian an und hilft gemäß der traditionellen

---

14 Stux 2007, S. 140.

3.4 AKUPRESSUR & MASSAGE

Vorstellung bei der Auflösung von Hitze im Körper. Akupressieren Sie den Punkt mit der Daumenspitze im Uhrzeigersinn. Eine Minute sollte reichen, danach wechseln Sie zur gleichen Stelle auf der anderen Körperseite.

Di 4 – Geschlossenes Tal

Di 4 ist Teil des Dickdarmmeridians und ein ähnliches »Allheilmittel«, wie es die Kamille unter den Heilpflanzen ist. Er wird bei sämtlichen Krankheitsbildern zur Unterstützung der Heilung stimuliert und gibt bereits bei leichtem Druck an, ob Sie im Gleichgewicht sind oder nicht. Di 4 ist ein Druckpunkt, den Sie schnell akupressieren können, sollten Sie unerwartet Schmerzen bekommen oder andere Symptome aufweisen. Um den Punkt an Ihrem Körper zu finden, pressen Sie den Daumen an den Zeigefinger, sodass sich das Gewebe wölbt. Berühren Sie den höchsten Punkt der Wölbung und entspannen Sie dann den Daumen, sodass sich die Wölbung auflöst. Wenn Sie mit dem Zeigefinger leichten Druck auf die Stelle ausüben, werden Sie den Punkt spüren. Massieren Sie ihn leicht bis zu drei Minuten und wenden Sie die Methode anschließend auf der anderen Körperseite an.

Ma 41 – Tauender Bach

Dieser Punkt gehört ebenfalls zum Magenmeridian. Sie finden ihn in der Vertiefung im Übergang vom Bein zum Fuß. Er liegt frontal zwischen den Sehnen. Hier können Sie kräftig bis zu drei Minuten drücken. Vergessen Sie nicht die andere Körperseite!

Zum Nachschlagen

Wenn Sie Interesse an Akupressur oder der TCM im Allgemeinen haben, besorgen Sie sich weiterführende Literatur. Am besten ist es, Sie kaufen sich auch Kartenmaterial zur Lokalisation der Meridiane und Energiepunkte. Es gibt Poster, die Sie sich in Ihre Wohnung hängen können, um bei Bedarf sofort nachsehen zu können, wo welcher Punkt zu finden ist.

3. BEHANDLUNGS- & PRÄVENTIONSMÖGLICHKEITEN

Um wirklich zu verstehen, wie die TCM funktioniert, ist ein Exkurs in das taoistische Denken und die chinesische Kulturgeschichte erforderlich. Denn die Medizin ist Ausdruck taoistischer Deutungsweisen. Wer den Taoismus verstanden hat, der wird auch einen besseren Zugang zur TCM erhalten. Versuchen Sie bei Ihrer Weiterbildung deshalb keine krampfhaften Vergleiche zu unserer naturwissenschaftlichen Medizin anzustellen. Neurologische Erklärungsversuche der Akupunktur führen nur begrenzt weiter. Die Wirkung der Akupunktur bleibt davon jedoch unberührt.

Weil inzwischen eine große Nachfrage nach der TCM herrscht, gibt es auch immer mehr Kurse über Akupressur. Lehrbefugte Ärzte oder Heilpraktiker geben ihr Wissen und ihre Erfahrungen in entsprechenden Lehrgängen weiter. Hier können Sie in einen Austausch mit Gleichgesinnten treten und aneinander die jeweiligen Akupressurmethoden testen.

Ursachen und Symptome bekämpfen

Für den Anfang reicht es jedoch, die wichtigsten Punkte gegen Sodbrennen zu kennen und zu massieren. Sie werden schnell feststellen, welche Punkte bei Ihnen anschlagen und welche nicht. Vielleicht sind es nur ein bis zwei Punkte, die bei Ihnen funktionieren. Dann nutzen Sie eben nur diese. Wichtig ist, dass Sie mithilfe der Fingermassagen auf Ihren Energiehaushalt einwirken. Diese Einwirkung sorgt für zwei positive Effekte: Sie lindert die Symptome und sie eliminiert die Ursachen der Symptome, da diese aus Sicht der TCM aus einer Störung des natürlichen Energieflusses herrühren. Durch die Akupressur beseitigen Sie die Blockaden in den Meridianen und bringen Ihre Lebenskraft zum Fließen. Das wirkt sich in letzter Konsequenz auf den gesamten Körper und den Geist aus. Damit Energie dauerhaft in harmonischer Bewegung gehalten wird, ist es allerdings unvermeidbar, Ihr Leben zu reflektieren, denn Energieblockaden haben ganz bestimmte Auslöser. Diese können äußerst vielfältig sein und rei-

3.4 AKUPRESSUR & MASSAGE

chen von Ernährungsfehlern bis hin zu klimatischen Einflüssen. Das Wissen, welche Leitbahnen bei Ihnen betroffen sind, liefert Ihnen Erkenntnisse, was Sie in Ihrem Leben verändern müssen, um Ihre Beschwerden langfristig loszuwerden.

Massagen – Verwöhnkur für innere Organe

Während die Akupressur häufig mit medizinischen Zwecken in Verbindung gebracht wird, gelten Massagen allgemein als Entspannungs- und Verwöhnkuren. Doch auch die bei uns bekannten Massagen des »Knetens« und Streichelns können das Energiesystem im Körper anregen und die Gesundheit fördern. Sie können sich entweder selbst massieren oder sich von einem Masseur behandeln lassen. Dabei ist das Wort »be-handeln« wörtlich zu nehmen: Haut, Muskeln und Bindegewebe werden durch Dehn-, Zug- und Druckreize stimuliert, die in der Regel über Hände und Finger abgegeben werden. Aber auch hier können die Masseure wie bei der Akupressur Ellbogen oder Füße einsetzen. Je nach Massagetechnik kann die Wirkung auf eine lokale Stelle des Körpers beschränkt bleiben oder sich auf den gesamten Organismus ausweiten und die Psyche mit einschließen. Besonders die Ganzkörpermassagen dienen einer solchen umfassenden Behandlung und wirken tiefenentspannend.

Es gibt zahlreiche Massagestudios oder Wellness-Dienste mit speziellen Massage-Angeboten. Auch wenn diese in erster Linie der Entspannung und dem Verwöhnen dienen, können sie heilsame Wirkungen entfalten. Gerade bei Menschen, deren Sodbrennen aus innerer Unruhe, Gereiztheit oder Aufregung resultiert, können bewusste Entspannungsphasen durch Massagen große Verbesserung des Gesamtzustands bewirken. Menschen, die häufig und lange am Computer sitzen und dadurch im Oberkörper verspannen, können mit regelmäßigen Massagen gegen die Auswirkungen dieser Körperhaltungen ankämpfen. Reizmagen, Reizdarm und viele weitere psychosomatischen Krankheiten können gelindert

3. BEHANDLUNGS- & PRÄVENTIONSMÖGLICHKEITEN

werden, wenn sich die Betroffenen an Masseure wenden, die es nicht nur verstehen, Entspannung auszulösen, sondern auch die inneren Organe mit gezielten Berührungen ansprechen können.

Reflexzonen – Verbindungen zu den Organen
Um mithilfe einer Massage innere Organe anzuregen, wird der sogenannte Reflexbogen genutzt. Dabei handelt es sich um eine Verbindung zwischen Nervenzellen. Wenn Sie an einer Stelle Ihres Körpers den Reflexbogen auf der einen Seite stimulieren, kann die Wirkung auf die andere Seite übertragen werden. Auch wenn diese Theorie vom konventionellen Wissenschaftsbetrieb nicht anerkannt wird, gibt es zahlreiche Massagetechniken, bei denen die Masseure auf Reflexzonen setzen. Diese Zonen gibt es an unterschiedlichen Körperregionen: an den Fußsohlen, an der Hand, am Rücken oder im Gesicht. Am bekanntesten dürfte jedoch die Fußreflexzonenmassage sein. Ähnlich wie bei der Akupunktur werden einzelne Punkte an der Fußsohle mittels Druckreizen angeregt, um so bestimmte Körperbereiche positiv zu stimulieren. Die Fußsohle wird als verkleinertes Abbild des gesamten Körpers gesehen. Je nachdem, wo Sie also drücken, können Sie Leber, Magen, Nieren, Schilddrüse, Gallenblase, Dickdarm usw. erreichen. Im Internet gibt es viele Übersichten und Texte zu den Reflexzonen am Fuß.[15] Wenn Sie auf Ihren Magen mithilfe der Reflexzonen einwirken wollen, halten Sie sich an die Grundregeln zur Akupressur und massieren Sie die betreffende Stelle mit einem ruhigen, konstanten Druck.

Die Bauchmassage
Wem die Reflexzonen zu umständlich erscheinen, kann auch ganz einfach direkt seinen gereizten Magen mit Streicheleinheiten beruhigen. Sie glauben, das funktioniert nicht? Dann denken Sie mal an

---
15 Zum Beispiel Onmeda-Redaktion 2015, www.onmeda.de, Link im Quellenverzeichnis.

3.4 AKUPRESSUR & MASSAGE

Ihre Kindheit zurück, als Ihre Mutter Ihnen den Bauch gerieben hat. Das Bauchreiben gilt auch heute noch als eine Erste-Hilfe-Technik bei Bauchschmerzen und wird vor allem bei Kindern angewendet. Sollten Sie oder Ihr Nachwuchs unter Bauchschmerzen, Aufstoßen oder Sodbrennen leiden, können Sie erst einmal ganz intuitiv den Bauch streicheln, denn dieser ist die Körperregion, die gerade auf sich aufmerksam macht und beruhigt werden will.

Nachdem Sie sich mit Ihrem Körper oder dem eines anderen ein wenig vertraut gemacht haben, können Sie die Bauchmassage intensivieren und systematisch vorgehen. Übrigens ist die Bauchmassage hervorragend zur Selbstbehandlung geeignet, denn an den Bauch sollten Sie mit Ihren Händen problemlos herankommen können. Legen Sie sich für die Bauchmassage flach und mit freiem Oberkörper auf den Rücken. Um in eine entspannte Stimmung zu kommen, können Sie besinnliche Musik, Düfte oder Öle einsetzen. Das ist aber kein Muss.

Den Magen lockern

Legen Sie zunächst Ihre rechte Hand auf den Magen und spüren Sie in die Körperstelle hinein. Warten Sie, bis sich die Körperstelle und die Hand gegenseitig als nicht mehr als fremd wahrnehmen, sondern als vertraute Partner. Die Stelle wird sich erwärmen und lockern. Streichen Sie langsam und mit nur ganz leichtem Druck zum Bauchnabel hinunter. Legen Sie sogleich die linke Hand auf den Magen, warten Sie wieder einen Moment und fahren Sie dann mit der linken Hand zum Nabel, während die rechte Hand wieder zum Magen geführt wird. Wiederholen Sie diesen Bewegungszyklus für circa eine Minute.

Den Magen streicheln – gegen den Uhrzeigersinn

Legen Sie Ihre linke Hand neben den Körper und die rechte auf Ihren Magen. Führen Sie als Nächstes langsame und sanfte

3. BEHANDLUNGS- & PRÄVENTIONSMÖGLICHKEITEN

Kreisbewegungen mit Ihrer rechten Hand aus. Achten Sie darauf, die Hand gegen den Uhrzeigersinn zu bewegen. Sie können ein wenig experimentieren, indem Sie die Druckstärke und die Schnelligkeit Ihrer Bewegungen verändern. Mal können Sie auch nur die Finger nutzen, mal nur die Handfläche. Alternativ können Sie die Bewegungen auch mit der linken Hand ausführen. Merken Sie Unterschiede zwischen den beiden Händen? Welche Hand ist Ihnen angenehmer?

Den Magen streicheln – mit dem Uhrzeigersinn
Führen Sie mit Ihrer linken Hand die gleiche Bewegung wie im vorherigen Schritt aus – allerdings nicht gegen, sondern mit dem Uhrzeigersinn. Wenn Sie vorher die linke Hand gegen den Uhrzeigersinn genutzt haben, verwenden Sie jetzt die rechte mit dem Uhrzeigersinn. Für beide Übungsschritte sollten circa zwei Minuten eingeplant werden.

Gegenläufig massieren
Dieser Schritt ist eine Kombination aus den beiden vorherigen. Legen Sie beide Hände zwischen Brustbein und Bauchnabel nieder. Starten Sie mit rechts leichte Kreisbewegungen im Uhrzeigersinn und mit links gegen den Uhrzeigersinn. Je nachdem, was Ihnen lieber ist, kann auch die linke Hand im Uhrzeigersinn und die rechte gegen den Uhrzeigersinn bewegt werden. Achten Sie darauf, mit den Kreisbewegungen so sanft wie möglich zu massieren.

Den Darm mit einbeziehen
Lassen Sie die rechte Hand über dem Bauchnabel liegen und führen Sie die linke unter den Bauchnabel. Lassen Sie sie dort für einen Moment liegen und konzentrieren Sie sich auf die Kontaktstelle zwischen Bauch und linker Hand. Atmen Sie in diese Region. Die Stelle unter dem Bauchnabel ist in der TCM ein wichtiger Punkt, weil dort ein wertvolles Energiezentrum liegt. Dieses

3.4 AKUPRESSUR & MASSAGE

Energiezentrum kann mithilfe der Atmung angeregt werden. Darum empfehlen TCM-Kundige auch stets, die Bauchatmung einer Brustatmung vorzuziehen. Atmen Sie tief und langsam in den Bauch und spüren Sie, wie die Bauchdecke gegen Ihre linke Hand drückt.

Starten Sie mit der rechten Hand kleine Kreisbewegungen im Uhrzeigersinn. Kommen Sie nach circa einer Minute zur Ruhe und starten dann mit Ihrer linken Hand Kreisbewegungen gegen den Uhrzeigersinn. Danach lassen Sie beide Hände kreisen: Die rechte massiert über dem Bauchnabel im Uhrzeigersinn, die linke massiert unter dem Nabel gegen den Uhrzeigersinn. Lassen Sie beide Hände noch für circa eine Minute nach Abschluss der Übung auf Ihrem Bauch liegen und spüren Sie in die Kontaktstellen zwischen Händen und Bauch hinein. Atmen Sie bewusst in den Bauch und erheben Sie sich langsam, um in Ihren Alltag zurückzukommen.

Tipps & Hinweise

Gehen Sie, während Sie die Bewegungen im Uhrzeigersinn ausführen, langsam den Bauch abwärts. Das ist nützlich, wenn Sie Verkrampfungen lösen möchten. Es kann sein, dass der Handkontakt auf Ihrem Bauch zunächst zu Verspannungen führt, weil der moderne Mensch verlernt hat, sich selbst intensiv zu berühren. Es ist schlicht ungewohnt. Durch regelmäßige Massagen werden Sie sich schnell an den Hautkontakt gewöhnen. Doch es gibt auch eine kleine Abhilfe: So haben sich beispielsweise Massagebürsten bewährt, um dem Streicheln mehr Intensität zu verleihen. Es gibt auch verschiedene Massageöle, die eine entspannende Wirkung haben. Achten Sie bei der Verwendung solcher Öle darauf, dass Sie nicht zu viel Öl auftragen. Sonst rutschen Sie weg, können sich nicht gut greifen oder erschrecken sich, weil das Öl zu kalt ist. Sie sollten auch immer mit warmen Händen massieren, um unnötige Verspannungen zu vermeiden.

3. BEHANDLUNGS- & PRÄVENTIONSMÖGLICHKEITEN

Je nachdem, wie viel Zeit Sie haben, können Sie die Bauchmassage mehrmals täglich praktizieren. Am besten ist es, regelmäßige Zeiten festzusetzen, in denen Sie sich bewusst der Massage widmen. Denn eine halbherzig gegebene Massage ist schlimmer als überhaupt keine. Wenn Sie die Möglichkeit haben, massieren Sie auch einmal andere Körper, um ein Gefühl für die Wirkungen Ihrer Bewegungen zu bekommen. Jeder Mensch reagiert anders auf Berührung. Vielleicht gelingt es Ihnen sogar, mittels einer Bauchmassage die Gefühlswelt eines Familienmitglieds positiv zu beeinflussen. Dass der Darm und die Emotionen zusammenhängen, steht außer Frage – wenn es dem Darm besser geht, hat dies also auch Auswirkungen auf die Gefühle. Es kann allerdings auch zu aufgewühlten Empfindungen kommen, da Bauchmassagen nicht nur bei der Verdauung von Nahrung, sondern auch bei der Bewältigung von Problemen oder Sorgen helfen können. Dies sollte als Begleiterscheinung der Massage betrachtet werden: Etwas emotional Festgesetztes hat sich gelöst und kann nun losgelassen werden.

Gegen akutes Sodbrennen sind Bauchmassagen wenig geeignet, weil man sich hierzu hinlegt und der Magen-Darm-Trakt durch Druckimpulse stimuliert wird. So kann Magensaft in die Speiseröhre zurückfließen. Auch Reflexzonenmassagen oder und die Akupressur sind im akuten Fall nur begrenzt tauglich. Diese Maßnahmen sollten besser als Begleittherapie über einen längeren Zeitraum eingesetzt werden. Sie können bei chronischen Beschwerden oder der Linderung von Schmerzzuständen helfen. Die nebenwirkungslosen Anwendungen ermöglichen ein verbessertes Körperbewusstsein, das Ihnen bei der Ursachenforschung und der Neugestaltung Ihres Lebens behilflich sein wird. Kombinieren Sie die Massagen mit Heilkräuteranwendungen, Hausmitteln oder mit Wasseranwendungen.

3.5 Wasseranwendungen

Wasseranwendungen sind durch Sebastian Kneipp bekannt geworden. Sicher hat auch Klaus schon einmal von den Kneipp-Anwendungen gehört. Sie gehören seit Langem zum Standardangebot in Rehabilitationskliniken oder Kurparks. Vielleicht standen Sie selbst schon einmal in einem Becken fürs Wassertreten, dann wissen Sie, wie wohltuend solch eine Wasseranwendung sein kann. Wasseranwendungen werden auch als Kneipp-Kuren bezeichnet, um den Begründer dieser sanften Heil- und Präventionsmethoden zu würdigen. Nur wenige wissen, dass zu Sebastian Kneipps Therapie mehr gehörte als die Wasserkuren. Er verordnete seinen Patienten neben den Wasseranwendungen Bewegungsübungen, Pflanzenanwendungen, Ernährungsanpassungen und die Ordnungstherapie zur Gestaltung eines bewussten Lebens.

Kaltes Wasser für Ihre Gesundheit

Die Arbeit mit dem Wasser funktioniert, weil der menschliche Körper sensibel auf Umweltreize reagiert und Anpassungsversuche unternimmt. Wasser dient dabei als Träger von bestimmten Reizen, zum Beispiel des Temperaturreizes. Wenn Sie in kaltes Wasser steigen und sich alles in Ihrem Körper zusammenzuziehen scheint, führt der Organismus einen Temperaturausgleich durch, um ein bestimmtes Wärmegleichgewicht zu halten. Damit sind vielerlei körperliche Reaktionen verbunden, die zu Therapiezwecken genutzt werden können. Bei Berührung mit kaltem Wasser ziehen sich die Gefäße zunächst zusammen. Danach kommt es zu einer entsprechenden Reaktionsphase, in der sich die Gefäße weiten und die Durchblutung angeregt wird. Je öfter Sie sich in kaltes Wasser begeben, desto besser lernt Ihr Körper auf den Kältereiz zu reagieren, sodass die Zeit zwischen Reiz und Reaktion

3. BEHANDLUNGS- & PRÄVENTIONSMÖGLICHKEITEN

verkürzt wird und die Gefäße lernen, sich optimal zu bewegen. Die Wasseranwendungen werden zwar meist lokal eingesetzt, wirken aber über das vegetative Nervensystem auf den gesamten Organismus. So erklärt sich auch die heilsame Wirkung von Fußbädern bei Nasen- oder Halsbeschwerden: Denn das kalte Wasser kann auch die Schleimhäute positiv stimulieren.

Sämtliche Kneipp-Verfahren können durch physikalische Erkenntnisse erklärt werden und sind wissenschaftlich anerkannt. Auch wenn die Kneipp-Anwendungen vorrangig mit kaltem Wasser ausgeführt werden, gibt es auch Methoden, bei denen warmes Wasser verwendet wird. Das kalte Wasser verfügt jedoch über eine größere Reizstärke und kann so intensiver auf den Körper einwirken. Magen-Darm-Störungen gehören zu den gängigsten Beschwerden, bei denen die Kneipp-Methoden verwendet werden. Beispielsweise wird Sodbrennen mit Wassertreten therapiert, damit das vegetative Nervensystem wieder ins Gleichgewicht kommt und die Organe optimale Arbeit verrichten können. Die Wasseranwendungen helfen zudem, den Stoffwechsel zu regulieren. Gerät dieser aus dem Gleichgewicht, tritt Sodbrennen immer wieder auf. Somit sind die Wassertherapien geeignete Ansätze, mit denen Sie Ihre Gesundheit umfassend verbessern können. Sie wirken physisch wie psychisch direkt und nebenwirkungsarm. Weitere Vorteile liegen darin, dass nur wenig Vorbereitung benötigt wird und die Durchführung der Wasseranwendungen sehr einfach ist.

Nutzen Sie das natürliche Wasser

In vielen Kurkliniken oder Parkeinrichtungen gibt es spezielle Kneipp-Bäder. Das sind in den Boden gesetzte Wasserbecken, in denen Sie das Wassertreten praktizieren können. Doch es gibt auch wesentlich einfachere Lösungen. Sie müssen nicht erst bis zum nächsten Kneipp-Becken fahren. Nutzen Sie das, was vor Ihrer Haustür ist: Tau oder Schnee. Im Winter können Sie barfuß durch den Schnee

3.5 WASSERANWENDUNGEN

gehen. Zu anderen Jahreszeiten ist der Morgentau eine simple, aber effektvolle Alternative. Gehen Sie einige Schritte über nassen Rasen und Sie werden merken, wie sich die Wirkung von den Füßen über den gesamten Körper entfaltet. Wenn Sie mit der Kneipp-Therapie anfangen, tasten Sie sich langsam heran und gehen Sie zunächst nur wenige Schritte im Schnee oder Tau. Achten Sie darauf, wohin Sie treten: Glasscherben oder »Hundeminen« sollten Sie umgehen. Experimentieren Sie auch mit Ihrem Gang: Gehen Sie mal schneller, mal langsamer, mal auf Zehenspitzen, mal auf den Fersen. Laufen Sie rückwärts, seitwärts, im Kreis oder im Kniehebelauf. Trocknen Sie danach Ihre Füße nicht ab, sondern streifen Sie das Wasser nur locker von Ihren Füßen. Ziehen Sie dicke Wollsocken an und machen Sie anschließend leichte Gymnastik oder legen sich ins warme Bett.

Basisregeln für effektive Kneipp-Kuren
1. Wenden Sie kaltes Wasser nur an, wenn Ihr Körper normal temperiert bzw. vorgewärmt ist.
2. Wärmen Sie Ihren Körper circa 15 Minuten nach den Wasseranwendungen gut durch. Dies müssen Sie nicht tun, sollte Ihr Körper bereits selbst eine Wärmeanpassung vorgenommen haben.
3. Um eine bessere Wirkung bei Wechselbädern zu erreichen, sollten Sie nicht zwischen heißem Wasser und kaltem wechseln, sondern zwischen warmem und kaltem.
4. Trocknen Sie sich nach kalten Anwendungen nicht ab, sondern streifen Sie lediglich das Wasser von den Gliedmaßen.
5. Ruhen Sie sich nach warmen Anwendungen für circa eine halbe Stunde aus.
6. Warme Bäder sollten mit einer kalten Anwendung beendet werden.
7. Wenn Sie mehrere Anwendungen durchführen, machen Sie zwischen den einzelnen Wassertherapien Pausen von ein bis zwei Stunden, damit die Reaktionen der jeweils vorhe-

3. BEHANDLUNGS- & PRÄVENTIONSMÖGLICHKEITEN

rigen Übung abklingen können. Eine Ausnahme besteht in Anwendungen, die sich gegenseitig unterstützen.
8. Machen Sie nie kurz vor oder nach dem Essen eine Kneipp-Übung. Lassen Sie ein bis zwei Stunden vor oder nach dem Essen vergehen; es sei denn, Sie praktizieren Übungen, die die Verdauung fördern.
9. Bei Unsicherheiten oder zur Abklärung möglicher Risiken fragen Sie Ihren Hausarzt nach den Grenzen und Möglichkeiten von Kneipp-Anwendungen.

Lendenwickel – kalte Hilfe für Ihre Verdauung
Lendenwickel werden in der Regel gegen Verstopfung angewendet. Sie helfen aber dem Verdauungssystem im Allgemeinen und können auch bei Schlafstörungen zur Anwendung kommen. Tauchen Sie ein circa 40 x 190 cm großes Leintuch in kaltes Wasser und wringen Sie es leicht aus. Wickeln Sie das Tuch anschließend locker um Ihren Körper. Es sollte ungefähr vom Rippenbogen bis zur Mitte der Oberschenkel reichen. Achten Sie darauf, dass das Tuch möglichst ohne Falten ist. Wickeln Sie ein circa 50 x 190 cm großes trockenes Baumwolltuch über Ihr nasses Tuch und decken Sie sich zu guter Letzt mit einer Wolldecke zu. Ruhen Sie sich für mindestens 45 Minuten aus. Wenn Ihr Körper normal reagiert, dürfte sich der Wickel nach circa 10 Minuten nicht mehr kalt anfühlen, da ein Wärmeausgleich stattgefunden haben müsste. Sollten Sie die Stelle dennoch als kalt wahrnehmen, führen Sie zusätzliche Wärme hinzu, indem Sie eine Wärmflasche auflegen oder ein warmes Getränk zu sich nehmen. Sollte das Kältegefühl bleiben, beenden Sie die Übung und nehmen den Wickel wieder ab.

Körperwaschungen für mehr Wohlbefinden
Eine gute Körperwäsche dient nicht nur der Hygiene, sondern auch der Gesundheit. Waschungen sind in vielen Kulturen traditionelle Heilmittel. Bei Verdauungsstörungen sollte die Körperwäsche

3.5 WASSERANWENDUNGEN

vor allem am Abend praktiziert werden. Mit ihrem sanften Kältereiz wirkt sie auf die Haut und kann darunter liegende Organe erreichen. Für eine Körperwaschung benötigen Sie nichts außer Wasser und ein Waschtuch oder einen Waschhandschuh. Beides sollte nach Möglichkeit aus Leinen sein. Legen Sie das Tuch oder den Handschuh in kaltes Wasser. Orientieren Sie sich an Ihrem Empfinden, was für Sie kalt ist und was nicht. Allgemein gilt für Anfänger die Zimmertemperatur als ausreichend. Waschen Sie Ihren Bauch mit kreisförmigen Bewegungen im Uhrzeigersinn. Führen Sie die Waschung langsam aus und achten Sie darauf, was an Ihrem Bauch geschieht. Fühlen Sie in die gewaschenen Stellen hinein. Sie können auch leicht massierende Bewegungen ausführen. Um alle wichtigen Bereiche abzudecken, nehmen Sie Ihren Nabel in den Fokus und kreisen um diesen herum. Führen Sie maximal 40 Kreisbewegungen aus. 20 können schon ausreichend sein, um eine spürbar angenehme Wirkung zu erzielen. Für diese Übung können Sie sich auch hinlegen und die Beine anwinkeln, wodurch Ihre Bauchmuskulatur entspannt wird. Feuchten Sie das Tuch oder den Handschuh zwischendurch immer wieder an, sodass genügend Kälte vorhanden ist. Nach der Wasseranwendung sollten Sie sich angenehm durchgewärmt fühlen.

Fußbäder wirken auf vielerlei Ebenen
Wer unter kalten Füßen oder Händen leidet, tut gut daran, ein Fußbad zu nehmen. Doch die Wasseranwendung an den Füßen kann auch ganz andere Körperstellen positiv reizen. Ob dafür die Reflexzonen am Fuß verantwortlich sind, ist nicht nachweisbar, wäre aber eine Überlegung wert. Fußbäder konnten bereits erfolgreich gegen chronische Atemwegsinfekte, Nebenhöhlenerkrankungen und Störungen der Bauch- und Beckenorgane eingesetzt werden. Außerdem konnten sie Menschen mit Verstopfung oder Reizdarm helfen. Die entspannende Wirkung ist auch für den Abbau von Stress nicht unerheblich und sollte daher regelmäßig genutzt werden.

3. BEHANDLUNGS- & PRÄVENTIONSMÖGLICHKEITEN

Machen Sie Wasseranwendungen nur, wenn Ihr Körper warm ist. Sollten Ihre Füße oder andere Körperteile kalt sein, wärmen Sie sich vorher auf. Gymnastik oder ein kurzer Spaziergang können schon ausreichend sein. Für Fußbäder gibt es spezielle Fußwannen. Diese müssen Sie aber nicht verwenden. Schüsseln oder Eimer sind genauso geeignet. Füllen Sie Ihre Fußwanne oder einen Eimer mit circa 37 Grad warmen Wasser. Lassen Sie so viel Wasser einlaufen, dass ein Wasserstand erreicht wird, der knapp unter Ihrem Knie liegt. Bleiben Sie maximal 20 Minuten in dem Gefäß stehen. Beenden Sie die Anwendung, indem Sie sich vom Knie an abwärts kalt abduschen. Dabei sollten Sie einen möglichst weichen Wasserstrahl einstellen. Wenn Sie dieses Fußbad täglich ausführen, kräftigen Sie Ihre Atemwege und sämtliche Körperfunktionen im Bauch. Wenn Sie Venenleiden haben, darf das Wasser allerdings nur knöchelhoch sein.

Leberwickel für eine bessere Entgiftung
Da aus der TCM bekannt ist, dass Magenprobleme oftmals durch Leberprobleme verursacht werden, ist es bei Sodbrennen und anderen Magen-Darm-Störungen gut, die Leber in Ihrer Funktion als Entgiftungsorgan zu stärken. Hierzu benötigen Sie eine Wärmflasche. Füllen Sie diese mit warmem Wasser und wickeln Sie sie in ein Leinentuch. Legen Sie den Wickel unterhalb des rechten Rippenbogens auf und lassen Sie ihn für eine Stunde liegen. In dieser Zeit legen Sie sich am besten ins Bett und decken sich zu.

Die Leibauflage – kalt und warm hilft dem Bauch
Die Leibauflage ist eine Kombination aus Wickeln und Waschung. Je nach Wassertemperatur kann sie für unterschiedliche Zwecke eingesetzt werden. Warmes Wasser hilft gegen Blähungen und Bauchkrämpfe, kaltes gegen Entzündungen. Es ist zugleich verdauungsfördernd. Außerdem regt kaltes Wasser die Durchblutung im Bauchraum an. Legen Sie ein Leinentuch

3.5 WASSERANWENDUNGEN

so weit zusammen, dass der Bauch komplett abgedeckt werden kann. Tauchen Sie das Tuch in kaltes Wasser und wringen Sie es aus. Legen Sie anschließend das Tuch auf Ihren Bauch. Legen Sie ein weiteres, trockenes Tuch darüber und bleiben Sie maximal eine Stunde liegen. 45 Minuten sollten bereits ausreichend sein, um spürbare Veränderungen zu bewirken.

Trockenbürsten – Massage und Wasseranwendung
In der Kneipp'schen Medizin wird das Trockenbürsten oftmals mit Wasseranwendungen kombiniert. Es scheint, dass Sebastian Kneipp den Wert von Massagen für die Gesundheit kannte, denn nichts weiter ist das sogenannte Trockenbürsten. Der Naturheilkundler hat die Bürstenmassage vor allem zur Anregung der Abwehrkräfte empfohlen. Wenn sie nach einem Bad ausgeführt wird, sind ihre Wirkungen umfassend und intensiv: Das Trockenbürsten hilft beispielsweise beim Abtransport von sekundären Stoffwechselprodukten. Das sind jene Produkte, die durch den Stoffwechsel verarbeitet, aber nicht ausgeschieden, sondern im Körper eingelagert werden. Für sie ist auch der Begriff »Schlacken« bekannt. Wenn es dem Körper nicht mehr gelingt, alle angefallenen Stoffwechselprodukte auszuscheiden, die eigentlich ausgeschieden werden sollten, staut sich der Abfall und muss eingelagert werden. Die körperinterne Mülldeponie ist das Binde- und Fettgewebe. Im Bindegewebe werden Säuren und Eiweißbausteine eingelagert. Im Fettgewebe werden Schwermetall- oder Pestizidverbindungen und Medikamentenrückstände gespeichert. Je schlechter die Stoffwechselaktivität und Ausscheidungsfunktion, desto mehr Schlacken sammeln sich. Das Trockenbürsten ist eine einfache Maßnahme, um das Bindegewebe zu kräftigen und so auf den gesamten Körper positiv einzuwirken.

Verwenden Sie eine Massagebürste, um das Trockenbürsten durchzuführen. Starten Sie an Ihrem rechten Fuß und führen Sie die Bürste in kreisenden Bewegungen und mit sanftem Druck an

3. BEHANDLUNGS- & PRÄVENTIONSMÖGLICHKEITEN

der Beinaußenseite nach oben. An der Beininnenseite kreisen Sie wieder zurück zum Fuß. Wiederholen Sie die Massage an Ihrem linken Bein. Führen Sie anschließend die Kreisbewegungen an Ihrer rechten und danach an Ihrer linken Gesäßhälfte aus. Bringen Sie die Bürste zur rechten Handinnenseite und führen Sie die kreisenden Bewegungen den Arm hinauf aus. Bleiben Sie auf der Arminnenseite, bis Sie zur Schulter gelangen. Gehen Sie an der Armaußenseite zur Hand zurück. Die gleiche Bewegung machen Sie anschließend am linken Arm.

Nach den Armen ist Ihr Oberkörper an der Reihe: Legen Sie die Bürste auf Ihre Brust und führen Sie die Massage so aus, dass Sie in der Form einer horizontal liegenden Acht Ihre Brust massieren. Legen Sie als Letztes die Bürste rechts unterhalb des Nabels auf. Starten Sie von dort eine Kreisbewegung im Uhrzeigersinn, bis Sie links unterhalb des Nabels angekommen sind. Als letztes wird der Rücken in kreisenden Bewegungen abgebürstet. Hierfür können Sie die Hilfe eines Partners in Anspruch nehmen oder eine Bürste mit einem langen Griff verwenden. Das Abbürsten nach Kneipp ist am besten Teil aller Kneipp-Behandlungen sein oder sollte regelmäßig vor dem Schlafengehen angewendet werden. Die wohltuende Wirkung ist schnell erreicht und sie verstärkt die Effekte der Wasseranwendungen.

Wasser heilt

Je mehr Sie sich mit dem Element Wasser beschäftigen, desto besser werden Sie sein Wesen kennenlernen. Wasser enthält neben seiner Heilkraft auch eine tiefe Weisheit: Wasser ist weich, es passt sich in seiner Bewegung den Dingen an, umspült Hindernisse, es kann große Kräfte entfalten, aber auch ganz ruhig sein. Laotse, ein chinesischer Philosoph, schreibt in seinem Werk »Tao-Te-King«, dass nichts weicher ist als Wasser und Wasser dennoch so kraftvoll ist, dass es alles Harte überwinden kann. Laotse lehrt Duldsamkeit, Gelassenheit und Hingabe. Die Wasseranwendungen sind eine wunderbare

3.6 DARMSANIERUNG

Möglichkeit, körperliche Genesung mit psychischer Entspannung zu kombinieren. Das Vorbild des Wassers zeigt, dass alles an seinem rechten Platz und in Bewegung ist. Wir müssen uns nicht immer abrackern, um etwas zu bewirken. Wahre Stärke liegt in der Ruhe und Gelassenheit, die Dinge anzunehmen, die nicht änderbar sind, und jene Dinge zu ändern, die verändert werden können.

3.6 Darmsanierung

In den modernen Gesellschaften gehören Darmprobleme zu den häufigsten Erkrankungen, die diagnostiziert werden. Es gibt zwar eine Menge Ratgeber über Darmgesundheit und Darmsanierung, aber die Anzahl ist so hoch, dass Laien sich nur schwer orientieren können. Hinzu treten Versprechen schneller Hilfe durch die Einnahme von Medikamenten, die die Darm-Flora stärken oder wiederherstellen sollen. Dabei besteht die Gefahr, ohne eine vorhergehende Diagnose zu den falschen Mitteln zu greifen. Der (Wieder-)Aufbau der Darmflora ist wesentlich komplexer, als es die Werbung hin und wieder darstellt. Solange Sie weder die Ursachen Ihrer Darmstörung kennen noch wissen, welche Veränderungen in Ihrem Darm stattgefunden haben, sollten Sie auf bewährte Hausmittel setzen und die chemischen Präparate meiden. Unter Umständen könnten diese mehr schaden als helfen. Sprechen Sie mit einem Arzt Ihres Vertrauens und klären Sie Ihren individuellen Fall ab.

Der Darm – Zentrum der Gesundheit

Nach der TCM liegt das Zentrum der Gesundheit im Bauch – genauer: im Darm. Je gesünder der Darm, desto gesünder und vitaler der Mensch. Um die Bedeutung eines gesunden Darms einschätzen zu können, sollten Sie einige Grundlagen des Darmaufbaus und der Darmfunktionen kennen. Wenn Sie darüber

3. BEHANDLUNGS- & PRÄVENTIONSMÖGLICHKEITEN

Bescheid wissen, wird es Ihnen leicht fallen, bewusster auf Ihren Darm zu achten. Nicht ohne Grund sagte schon seinerzeit der berühmte Arzt Hippokrates (460–370): »Der Tod sitzt im Darm.« Achten Sie in Ihrem Alltag auf dieses empfindliche Organ und schenken Sie ihm besonders bei Sodbrennen besondere Beachtung.

Aufbau des Darms
Der Darm ist der wichtigste Teil des menschlichen Verdauungssystems. Er beginnt am Magenpförtner und endet am After. Bei erwachsenen Menschen ist er circa fünf Meter lang und besitzt eine Oberfläche von über 30 Quadratmeter. Im Darm leben Mikroorganismen. Diese werden in ihrer Gesamtheit als Darmflora bezeichnet.

Der Darm wird in zwei Bereiche gegliedert: Dünndarm und Dickdarm. Zum Dünndarm gehören der Zwölffingerdarm, der Leerdarm und der Krummdarm. Zum Dickdarm werden der Blinddarm, der Grimmdarm und der Mastdarm gezählt. Auf den Mastdarm folgt der Anus, der im engeren Sinne nicht mehr zum Darm gezählt wird. Die Darmwand umfasst drei Schichten. Von innen nach außen sind diese die Schleimhaut, eine zweischichtige Tunica muscularis und dann je nach Darmteil entweder eine Tunica serosa oder eine Tunica adventitia. Die Tunica muscularis ist eine feingewebliche Schicht aus glatter Muskulatur. Die Tunica serosa ist eine glatte Auskleidung mit einem Flüssigkeitsfilm, der eine Beweglichkeit der inneren Organe ermöglicht. Sie besitzt eine Epithelschicht, also Deck- und Drüsengewebe. Die Tunica adventitia besitzt keine solche eine Schicht. Sie verfügt über Bindegewebe und dient der Verankerung des Organs.

Ihre persönlichen Feuerwehren: GALT und Darmbakterien
GALT ist eine englische Abkürzung für »gut-associated lymphoid tissue«. Dabei handelt es sich um einen Teil des lymphatischen

3.6 DARMSANIERUNG

Systems, den man im Deutschen als »darmassoziiertes lymphatisches Gewebe« bezeichnet. Es dient der Abwehr von Krankheitserregern und Fremdstoffen. Das GALT befindet sich als lymphatisches Gewebe in der Schleimhaut des Gastrointestinaltrakts (Magen-Darm-Trakts). Die Darmschleimhaut ist durch ihre enorme Größe für das Immunsystem besonders wichtig. Circa 80 % aller Zellen, die Antikörper produzieren können, liegen auf der Darmschleimhaut. Ist die Schleimhaut gestört, funktioniert auch die Antikörperbildung nur bedingt.

GALT besteht aus Lymphfollikeln. Dabei handelt es sich um kugelige Kolonien von B-Lymphozyten, die für ein intaktes Immunsystem des Menschen notwendig sind. Größere Ansammlungen gibt es an zwei Stellen des Darms: im Krummdarm und im Wurmfortsatz (Appendix vermiformis), am Übergang des Krummdarms in den Dickdarm. Diese Ansammlungen lymphatischen Gewebes werden als Peyer-Plaques bezeichnet und erfüllen zwei Funktionen: Sie wehren Infektionen des Darms ab und geben immunologische Informationen an andere Einheiten des Immunsystems weiter. Ein Großteil der Krankheitserreger wird über die Nahrung aufgenommen. Da ist es nur sinnvoll, wenn sozusagen an vorderster Front eine Feuerwehr bereitsteht, die an Ort und Stelle mögliches Feuer sofort löschen kann. Die Darmwand mit ihren antikörperproduzierenden Zellen ist ein ideales Auffangbecken und »Löschinstrument« für schädliche Bakterien. Werden im Darm Krankheitserreger ausgemacht, senden die Peyer-Plaques sowohl Informationen über die Erreger als auch ihr Potenzial zur Abwehrreaktion an andere Schleimhäute, damit diese ebenfalls auf die Erreger reagieren können. Wenn die Peyer-Plaques ihre Aufgaben nicht mehr ordnungsgemäß ausführen, kommt es gleich zu zwei Störungen: Krankheitserreger im Darm werden nicht mehr effizient beseitigt, und es fehlen für andere Schleimhäute wichtige Informationen über die Erreger, sodass sie auf einen Angriff nicht vorbereitet sind und folglich eine angemessene Verteidigung des Körpers nicht möglich ist.

3. BEHANDLUNGS- & PRÄVENTIONSMÖGLICHKEITEN

Doch der Darm verfügt noch über einen weiteren Schutzmechanismus. Die zweite Feuerwehr sind die Darmbakterien. Auch wenn Bakterien oftmals mit schädlichen oder ungesunden Wirkungen in Verbindung gebracht werden, gibt es eine Fülle an Bakterien, die dem Menschen gut tun. Auch in Ihrem Körper gibt es besondere Plätze, an denen Bakterien siedeln. Im Darm leben sogar circa zehnmal so viele Mikroorganismen, wie der menschliche Körper Zellen hat. Im Dickdarm sind es mehr als im Dünndarm. Die Darmbakterien nutzen dem Menschen in vielerlei Hinsicht: zur Regulierung des Immunsystems (Immunmodulation), zur Versorgung mit Vitaminen wie zum Beispiel mit Vitamin B_{12}, zur Unterstützung der Verdauung, zur Anregung der Peristaltik des Darms, zur Produktion kurzkettiger Fettsäuren und zur Energieversorgung der Epithelschicht des Darms. Hieran ist vor allem Buttersäure beteiligt. Sie dient der Energieversorgung und kann zugleich aufgrund der pH-Wert-Verschiebung ins Säuerliche das Milieu für Krankheitserreger wie Salmonellen unattraktiv machen. Außerdem ermöglichen die Darmbakterien die Entgiftung von Xenobiotika. Dabei handelt es sich um chemische Verbindungen, die dem natürlichen Stoffwechsel fremd sind. Typische Xenobiotika sind künstliche Pflanzenschutzmittel oder Kunststoffe.

Die Darmflora setzt sich aus Bakterien, Archaeen und Eukaryoten zusammen. Als Eukaryoten werden alle Lebewesen bezeichnet, deren Zellen einen Zellkern besitzen. Archaeen wurden früher als Urbakterien oder Archaebakterien bezeichnet. Sie sehen zwar wie »normale« Bakterien aus, sind aber in ihren molekularbiologischen Eigenschaften den Eukaryoten näher als den Bakterien.

Damit ist die Darmflora ein komplexes Ökosystem, das sich von Geburt an bildet und dessen Besiedlungsdichte mit dem Alter zunimmt. Wie sich die Darmflora zu Beginn entwickelt, hängt von der Ernährung des Babys ab. Wird es mit Muttermilch gestillt, so wird der Darm vor allem von milchsäureproduzieren-

3.6 DARMSANIERUNG

den Bakterien besiedelt, was es krankheitserregenden Bakterien erschwert, sich im Darm anzusiedeln. Bei Kindern, die mit der Flasche gefüttert werden, entwickelt sich eine Darmflora, die große Ähnlichkeiten mit der von erwachsenen Menschen aufweist.

Bei einem erwachsenen Menschen mittleren Alters sind circa 10 bis 100 Billionen Bakterien im Darm angesiedelt. Allein die gesamte Masse der Darmflora beträgt je nach Messung zwischen 1000 und 2000 g. 99 % der Darmflora werden durch vier Bakterienstämme besetzt: Firmicutes, Bacteroidetes, Proteobacteria und Actinobacteria. Diese Bakterienstämme sind also naturgemäß ein Teil des Darms. Sie erfüllen die oben erwähnten Funktionen und sind fester Bestandteil des menschlichen Lebens.

Eine Fehlbesiedlung der Darmflora kann allerdings ein Ungleichgewicht hervorrufen. Entweder kommt es zu Unterbesiedlungen bzw. Überbesiedlungen von Mikroorganismen oder es kommt zu einer grundlegenden Veränderung der Zusammensetzung der Darmflora. In allen drei Fällen kippt ein natürliches Gleichgewicht in ein Ungleichgewicht, was sich auf den gesamten Organismus auswirkt. Wie die optimale Zusammensetzung der Darmflora aussieht, kann nicht pauschal für alle Menschen beurteilt werden. Das bedeutet, dass vor einer Therapie zur Rückgewinnung des Gleichgewichts das individuelle Ungleichgewicht bestimmt werden muss. Dieses befindet sich entweder im Dünndarm oder im Dickdarm. Es gibt auch Fälle, in denen beide Darmteile von einer Fehlbesiedlung betroffen sind. Um die Besiedlung der Darmflora zu überprüfen, gibt es einen Atemtest und Stuhluntersuchungen. Der Atemtest dient dazu, eine Fehlbesiedlung des Dünndarms auszuschließen. Wird eine Unverträglichkeit gegenüber Lactulose, Laktose oder Fruktose festgestellt, ist dies ein Hinweis auf eine bakterielle Überbesiedlung. Wird keine Fehlbesiedlung des Dünndarms nachgewiesen, hilft eine Stuhlprobe, die Darmflora des Dickdarms zu prüfen. Sollte bei Ihnen eine Fehlbesiedlung diagnostiziert werden, so kann es

3. BEHANDLUNGS- & PRÄVENTIONSMÖGLICHKEITEN

dafür unterschiedliche Ursachen geben. Eine bekannte Ursache ist die Einnahme von Antibiotika. Diese Medikamente haben die leidliche Nebenwirkung, die Darmflora anzugreifen. Wer häufig und/oder intensiv Antibiotika nimmt, kann die Darmflora sogar dauerhaft stören. In der Regel pendelt sie sich jedoch bei normaler Medikamenteneinnahme nach Ende der Therapie wieder ein, sodass das natürliche Gleichgewicht wiedergewonnen wird. Bleibt das Ungleichgewicht, kann es allerdings zu unterschiedlichen Symptomen oder Folgeerkrankungen kommen.

Was ein gestörter Darm auslösen kann
Eine Fehlbesiedlung des Darms ist mit unspezifischen Symptomen des Magen-Darm-Trakts verbunden. Bauschmerzen, Blähungen oder eine höhere Infektanfälligkeit sind sowohl typische als auch äußerst unspezifische Symptome. Konkreter wird es bei der plötzlichen Zunahme von Nahrungsmittelunverträglichkeiten oder der Entwicklung eines Blähbauches. Wenn ein Blähbauch auftritt, aber abgehende Darmgase ausbleiben, ist davon auszugehen, dass die Flora des Dünndarms gestört ist. Kommen dagegen zum Blähbauch abgehende Darmgase hinzu, kann auf eine Fehlbesiedlung des Dickdarms geschlossen werden. Die Symptome bleiben allerdings nicht nur auf den Darm beschränkt, sondern können das gesamte Immunsystem erfassen und sogar Auswirkungen auf das Nervensystem haben. Um den genauen Ursachen auf die Spur zu kommen, sind umfassende Untersuchungen notwendig.

Ursachen für Fehlbesiedlungen im Darm
Eine mögliche Ursache für eine Fehlbesiedlung sind Infektionen. Wenn dies der Fall ist, dann ist es erforderlich, herauszufinden, welche Erreger hinter der jeweiligen Infektion stehen. Typisch sind Streptokokken, Staphylokokken, Pilze oder Amöben. Eine andere Ursache ist in einer Fehlernährung zu finden. Wenn Sie Ihrem Körper zu viel Eiweiß und/oder Fett zuführen, fördern Sie

3.6 DARMSANIERUNG

die Bildung von Fäulnisbakterien. Dies wirkt sich nachteilig auf die Bildung von Milchsäurebakterien aus, die für eine gesunde Darmflora notwendig sind. Gärprozesse im Darm produzieren Gifte, die durch die Darmwand in den Körper gelangen können. Zuckerhaltige Lebensmittel bereiten einen optimalen Nährboden für Hefepilze. Neben der Einnahme von Antibiotika können auch weitere Medikamente die Darmflora negativ beeinflussen. So ist auch die Antibabypille für diverse Nebenwirkungen im Darm bekannt. Umweltschadstoffe oder Schwermetallbelastungen kommen ebenfalls als Ursachen infrage. Letztlich ist der gesamte Gastrointestinaltrakt im ständigen Austausch mit seiner Umwelt. Speisen, Getränke und verschluckte Luft tragen biologische, chemische oder physikalische Stoffe mit pathologischer Wirkung in das Magen-Darm-System. Eine häufige Ursache für Darmflorastörungen im Alter ist die Veränderung der Darmarchitektur. Es bilden sich vermehrt Ausstülpungen in der Darmwand, die häufig von schädlich wirkenden Bakterien als Siedlungsplatz genutzt werden. Hier siedeln sich dann Keime an. Weitere Ursachen sind Immundefekte, Störungen im Hormonsystem, Stoffwechselstörungen oder psychosoziale Belastungen wie anhaltender Stress.

Begleitsymptome und Folgeerkrankungen
Bei den auftretenden Symptomen oder Erkrankungen ist nicht immer klar, worin die Ursache liegt und was die Folge ist. Die gestörte Darmflora kann das Ergebnis von Stoffwechselproblemen sein. Stoffwechselprobleme können aber auch auf eine gestörte Darmflora zurückgehen. Hier sind also unbedingt weitere Symptome zu beachten, um eine eindeutige Diagnose stellen zu können. Typische Funktionsstörungen bzw. Erkrankungen, die in Zusammenhang mit einer gestörten Darmflora stehen, sind unter anderem das Reizdarmsyndrom, die Non-ulcer-Dyspepsie, Verstopfung, Morbus Crohn, Schleimhautentzündungen im Darm, Ausstülpungen im Darm (Divertikulose/Divertikulitis), Einengungen des Darms (Striktur), Durchfall, Karzinombildungen

3. BEHANDLUNGS- & PRÄVENTIONSMÖGLICHKEITEN

und sämtliche infektiösen Darmerkrankungen wie Cholera, Salmonellen, Listeriosen oder Shigellosen. Ein gängiges Symptom für die Infektionskrankheiten ist Durchfall. Anhand der Art des Durchfalls kann bereits auf potenzielle Erreger geschlossen werden. Das endgültige Ergebnis liefert eine Stuhluntersuchung.

Ein gestörter Darm und Sodbrennen
Sodbrennen ist keine direkte Folge einer gestörten Darmflora. Da der Magen jedoch ein Nachbarorgan des Darms ist, hängt seine Funktion maßgeblich von der des Darms ab. Kommt es im Darm zu Störungen, hat dies auch Folgen für den Magen. Wenn die Darmflora schwach ist, ist auch der Mensch als Ganzes nicht 100 % abwehrfähig. Das begünstigt zum Beispiel auch Infektionen oder Entzündungen im Magen. Dort gelangen schließlich Speisen und Getränke nach ihrer Einnahme hin. Wenn die Abwehrkräfte nur unzureichend funktionieren, kann der Magen schädliche Eindringlinge nicht vernichten. So können Folgeerkrankungen entstehen, bei denen Sodbrennen als Symptom auftritt, wie zum Beispiel bei einer Magenschleimhautentzündung. Vor allem chronische Krankheiten, zu denen auch GERD gehört, sollten auf die Ursache einer gestörten Darmflora hin untersucht werden. GERD ist zwar auf die oberen Verdauungsorgane Magen, Speiseröhre und Mundhöhle beschränkt, aber eine unzureichende Verdauung und somit auch ein allgemeiner Nährstoffmangel wirken sich auf die Säureproduktion im Magen aus. Diese wird nur noch vermindert produziert, was wiederum eine unzureichende Verstoffwechselung von Nährstoffen und Mineralien im Magen begünstigt. Der im Magen nicht oder nur wenig verwertete Nahrungsbrei gelangt in den Darm, der die versäumte Verdauungsaktivität des Magens nicht kompensieren kann, sodass es hier zu weiteren Störungen kommt. So kann es helfen, die Magensäureproduktion zu fördern, damit der Darm bei seiner Arbeit entlastet wird, was sich wiederum positiv auf die Darmflora auswirkt. Umgekehrt kann aber auch die Darmflo-

3.6 DARMSANIERUNG

ra gestärkt werden, was den Stoffwechsel begünstigt und so den Magen kräftigt, sodass dieser seine Verdauungsaufgabe wieder korrekt ausführen kann.

Verstopfung und Reflux

GERD und eine gestörte Darmflora können, wie oben dargestellt, zusammenhängen. Wenn eine chronische Verstopfung vorliegt, ist diese nicht nur ein Hinweis auf eine möglicherweise gestörte Darmflora, sondern kann sogar direkt mit der Refluxkrankheit zusammenhängen. Während Sie aufstoßen und Sodbrennen haben, geht die Verdauungsaktivität nicht voran. Es kommt zum Stau. Dabei ist ein weiteres Krankheitsmuster relevant: der Zwerchfellbruch, bei welchem Teile des Magens in den Brustraum vordringen. Die Reihenfolge der Störungen sieht wie folgt aus: Eine gestörte Darmflora erschwert die Verdauung, sodass es zu einer Verstopfung kommt. Die Verstopfung führt zu einem stärkeren Druck im Bauchraum. Dies ist insbesondere dann der Fall, wenn Betroffene beim Stuhlgang extra stark pressen. Dieser Druck führt zu einer Erweiterung der natürlich vorhandenen Zwerchfelllücke. An dieser Stelle kann der Magen in den Brustraum vordringen und in der Folge kommt es zu Sodbrennen.

Die Zwerchfelllücke ist anatomisch notwendig, denn durch sie dringt die Speiseröhre zum Magen durch. Die Lücke ist nur mit Bindegewebe gefüllt. Dieses Gewebe kann seine Elastizität verlieren – entweder altersbedingt oder genetisch determiniert, aber auch durch einen erhöhten Druck im Bauchraum. Das heißt, dass nicht nur Verstopfung zu Reflux führen kann, sondern zum Beispiel auch schwangerschaftsbedingte Veränderungen im Bauchraum oder chronischer Husten. Der Husten kann wiederum ein Hinweis auf eine gestörte Darmflora sein, denn dadurch steigt die Infektanfälligkeit und die allgemeinen Abwehrkräfte sinken, sodass Krankheiten leichter chronisch werden können.

3. BEHANDLUNGS- & PRÄVENTIONSMÖGLICHKEITEN

Der Darm im größeren Zusammenhang

Auch in der TCM sind solche Wirkungsweisen bekannt: Der Dünndarm als Feuer-Element nährt die Erde, also den Magen und die Milz. Ist der Darm unterversorgt, kann er den Magen nicht ausreichend versorgen, sodass das Magenorgan geschwächt wird. Die Erde nährt wiederum das Metall. Diesem Element werden der Dickdarm und die Lungen zugeschrieben. Ein schwacher Magen begünstigt eine schwache Lunge. Die Lungen sind in der TCM als »zarte Organe« bekannt, was auf deren Sensibilität und Anfälligkeit hindeutet. Die Lungen sind für den Energiefluss unabdingbar, denn sie nehmen Lebensenergie mit der Atmung auf und führen diese mit körpereigenen Energien zusammen, sodass deren Kraft und Vitalität erhalten bleibt. So werden alle Organe versorgt. Das Ausatmen stößt unreine bzw. verbrauchte Luft (Energie) aus. Chronischer Husten zeigt eine geschwächte Lungenfunktion an, die zu Störungen in anderen Organen führen kann bzw. durch diese ausgelöst wurde. Im Sinne einer umfassenden Diagnostik sollten bei chronischem Husten nicht nur die Atemwege, sondern auch die Darmflora und die Magenfunktionen gecheckt werden. Umgekehrt sollten Untersuchungen von Magen-Darm-Problemen nicht nur auf die Verdauungsorgane beschränkt bleiben, sondern auch die anderen Organe und den Stoffwechsel berücksichtigen, um die wahren Ursachen der Störungen finden zu können.

Probiotische Darmsanierung – ein Überblick

Wenn eine gestörte Darmflora hinter Ihren gesundheitlichen Problemen stehen sollte, gilt es die Störung zu beheben. Dafür gibt es unterschiedliche Maßnahmen, die unter dem Begriff der Darmsanierung zusammengefasst werden. Sowohl der Begriff als auch viele der angebotenen Maßnahmen werden der alternativen Heilkunde zugeordnet. Dort sind auch die Begriffe »mikrobiologische Therapie« und »Symbioselenkung« verbreitet. Ziel aller Darmsanierungsprogramme ist eine positive Beeinflussung der Darmflora. Das Wort »Symbioselenkung« trifft ziemlich

3.6 DARMSANIERUNG

genau den theoretischen Ansatz hinter den Therapieangeboten: »Symbiose« meint hierbei das Zusammenleben der Mikroorganismen im Darm mit den Menschen. Die Symbiose besteht in der Abhängigkeit des Menschen von den Bakterienstämmen im Darm und der Abhängigkeit der Bakterien vom Menschen. Die Symbiose ist dann zu einer Dysbiose (also zum Ungleichgewicht) geworden, wenn schädliche Bakterien im Darm zunehmen oder nützliche Bakterien abnehmen. Die Dysbiose wird mittels einer Lenkung der Symbiose neutralisiert.

Bakterien als Medizin
Bei der Darmsanierung werden darmrelevante Bakterien entweder lebend oder abgetötet verabreicht. Sie können oral eingenommen oder gespritzt werden. Die Reihenfolge und Zusammensetzung der Bakterien spielen im Einzelfall eine entscheidende Rolle. Dabei können sowohl fremde als auch körpereigene Bakterien verwendet werden. Um die körpereigenen nutzbar zu machen, werden die über den Stuhlgang ausgeschieden Bakterien mit Flüssigkeit aufgeschwemmt. Diese Form der Bakterien-Arzneimittel wird gespritzt. Der Einsatz solcher »bakteriellen« Medikamente gilt im Rahmen der konventionellen Wissenschaft als nicht gesichert. In der Naturheilkunde gilt der Ansatz jedoch weitgehend als erfolgreich und notwendig. Eine grundsätzliche Kritik an dieser Therapie betrifft vor allem die orale Medikation: Es wird nämlich behauptet, dass die geschluckten Bakterien den Darm gar nicht erreichen würden, weil sie vorher von der Magensäure abgetötet werden würden. Außerdem seien die verabreichten Mengen viel zu klein, um die Komplexität der Darmflora im Gesamten ändern zu können. Bekannte Nebenwirkungen sind allergische Schocks, Hautreaktionen an den Einstichstellen, allgemeines Unwohlsein, Krankheitsgefühle, leichtes Fieber, Gelenkschmerzen, Schnupfen oder Durchfall. Zusätzliche Verdauungsprobleme gibt es bei der oralen Einnahme der Medikamente. Neben Durchfall kommt es zu Blähungen oder Verstopfung.

3. BEHANDLUNGS- & PRÄVENTIONSMÖGLICHKEITEN

Vorgehen bei einer Darmsanierung
Der erfahrene Arzt kann aus der Symptomatik heraus Fertigpräparate mit lebenden Bakterien verordnen oder auch nach einer Stuhldiagnostik versuchen, eine für den Patienten maßgeschneiderte Bakterienmischung zum Einnehmen zusammenstellen zu lassen. Für den Arzt kann es hilfreich sein, die Anzahl der Bakterien und den pH-Wert zu ermitteln, um entsprechende Präparate verordnen zu können.

Bei der Darmsanierung wird für jeden Einzelfall ein Therapiekonzept erstellt, das auf die jeweiligen bakteriellen Bedingungen zugeschnitten ist. In der Regel werden zunächst krankheitserregende Bakterien reduziert, dann bekommen die Patienten milchsäurebildende Keime. Da immer mehr Babys diese Keime aufgrund fehlender Muttermilch nur unzureichend erhalten, befinden sie sich gewissermaßen in einem chronischen Mangelzustand. Diesen gilt es auszugleichen. Typische Bakterien hierfür sind Lactobazillen und Bifidobak-terien. Bei einem anderen Vorgehen wird auf Kolibakterien gesetzt. Kolibakterien kommen von Natur aus in der Darmflora vor. Werden Sie im Trinkwasser nachgewiesen, gilt dieses als verunreinigt. Im Darm produzieren Kolibakterien Vitamin K und sind säurebildend. Somit erfüllen sie eine positive Funktion für den Organismus. Gelangen die Bakterien aber in Körperbereiche, wo sie nicht hingehören, können sie unterschiedliche Entzündungen hervorrufen. Gelangen sie beispielsweise in den Harnleiter, kann es dort zu einer Harnwegsinfektion kommen. Die Übertragung der Bakterien kann durch Schmierinfektion auf der Toilette vonstattengehen.

Im Zuge einer Darmsanierung wird meistens eine Ernährungsumstellung durchgeführt: wenig Fett, wenig Eiweiß, wenig Zucker und kein Weißmehl, dafür viele Ballaststoffe, viel Obst und Gemüse. Nachdem die probiotische Darmsanierung beendet wurde, sollte die angepasste Ernährung aufrechterhalten werden, um das Magen-Darm-System zu schonen und eine optimale Verdauung zu ermöglichen. Vor dem Beginn der Medikamenten-

3.6 DARMSANIERUNG

einnahme wird eine Darmreinigung durchgeführt, die die Grundlage zur Herstellung der natürlichen Darmflora ist. Aber auch unabhängig von einer probiotischen Darmsanierung kann eine Darmreinigung eingesetzt werden, um dem Verdauungstrakt zu helfen.

Was Sie schon jetzt tun können

 Wenn Sie unter Sodbrennen und anderen Verdauungsproblemen leiden, können Sie auch ohne medikamentöse Darmsanierung schnelle Linderung oder langanhaltende Verbesserungen erfahren. Eine Maßnahme, die Sie sofort ausführen können, ist die Darmreinigung.

Die Darmreinigung

Vielleicht ist es für Sie unangenehm, etwas zu diesem Thema zu lesen, vielleicht sind Sie aber auch neugierig und wollen wissen, was eine Darmreinigung genau ist und wie Sie Ihnen helfen kann. Unter einer Darmreinigung wird eine Darmentleerung verstanden, die zum einen künstlich herbeigeführt wird und zum anderen äußerst gründlich ist. Sie holen sozusagen alles aus Ihrem Darm, was herauskommen kann. Bei dieser Maßnahme handelt es sich nicht um etwas Alltägliches, sie ist nicht mit dem Trinken eines Kräutertees zu vergleichen. Eine richtige Darmentleerung hat etwas Befreiendes, ist aber auch etwas höchst Intimes. Meist wird eine Darmreinigung zu medizinischen Zwecken durchgeführt – kurz vor Untersuchungen oder Operationen, aber auch bei Beschwerden wie Verstopfung. Zudem gibt es außermedizinische Bereiche, in denen Darmreinigungen angewendet werden, zum Beispiel bei Wellness-Angeboten oder Fastenprogrammen.

Für die Darmreinigung können verschiedene Mittel und Methoden angewendet werden. Die bekannteste Methode ist der Einlauf. Die einfachste Form hingegen ist das Einnehmen von Natriumsulfat, das auch als Glaubersalz bekannt ist. Bei Fastenkuren wird oftmals mit beiden Methoden parallel gearbeitet. Ein Nutzen

3. BEHANDLUNGS- & PRÄVENTIONSMÖGLICHKEITEN

für die Gesundheit ist aus Sicht der konventionellen Wissenschaft noch nicht erwiesen. Nichtsdestotrotz sind Darmreinigungen in anderen Kulturen fester Bestandteil von Heilangeboten oder spirituellen Schulen. Beispielsweise wird eine Darmreinigung im Yoga angewendet. Dort ist sie unter der Bezeichnung »Shank Prakshalama« bekannt und gehört zu den Reinigungsübungen.

Auch wenn die gesundheitlichen Wirkungen der Darmreinigung von der gegenwärtigen Wissenschaft nicht anerkannt sind, können Sie sich vielleicht vorstellen, wie wohltuend eine solche Reinigung für Ihren Körper sein kann. Stellen Sie sich vor, Sie werfen Ihren ganzen angesammelten Müll aus der Wohnung und schaffen Platz für eine neue Ordnung. Solch eine Reinigung können Sie mit der Einnahme von Abführmitteln wie dem Glaubersalz erreichen. Allerdings ist eine Reinigung durch eine Darmspülung intensiver. Glaubersalz schmeckt nicht nur bitter, sondern kann eine radikale Wirkung auf das Magen-Darm-System entfalten. Um diese ein wenig abzumildern, sollten Sie in der Reinigungsphase sehr viel klares Wasser trinken. Glaubersalz wird zu massivem Durchfall führen. Der Flüssigkeitsverlust muss daher ausgeglichen werden. Für die Anwendung gibt es unterschiedliche Hinweise und Dosierungsmöglichkeiten. Orientieren Sie sich am Beipackzettel des Salzes und besprechen Sie das Vorhaben mit Ihrem Hausarzt. Beachten Sie, dass Glaubersalz innerhalb von 30 bis 120 Minuten wirken kann. In dieser Zeit sollte eine Toilette in unmittelbarer Nähe verfügbar sein. Es kann bis zu acht Stunden dauern, bis das Salz vollkommen ausgeschieden wurde. In dieser Zeit sind immer wieder Toilettengänge nötig.

Für eine Darmreinigung mittels Einlauf benötigen Sie einen Irrigator. Das ist ein Einlaufgerät. Sie können es in der Apotheke bestellen. Hängen Sie das Gefäß in einer Höhe von mindestens einem Meter auf und füllen Sie es mit Wasser. Das Wasser sollte Körpertemperatur haben. Lassen Sie so viel Flüssigkeit ablaufen, bis keine Luftblasen mehr vorhanden sind. Ölen oder fetten Sie das Röhrchen gut ein, damit Sie es ohne Schmerzen oder un-

3.6 DARMSANIERUNG

nötige Verkrampfungen in Ihren After einführen können. Gehen Sie auf die Knie, beugen Sie sich vor und stützen sich mit einer Hand ab, mit der anderen schieben Sie das Röhrchen langsam ein. Öffnen Sie anschließend den Hahn, damit das Wasser in den Darm fließen kann. Je tiefer Sie sich mit Ihrem Oberkörper nach unten bewegen, desto besser kann das Wasser in Ihren Darm vordringen. Bleiben Sie entspannt. Wenn Sie Druck im Darm spüren, noch bevor das Gefäß leer ist, schließen Sie den Hahn und gehen Sie zur Toilette. Sollte das Einlaufgerät komplett geleert worden sein, ziehen Sie das Röhrchen wieder heraus und wickeln Sie sich in eine Decke. Ruhen Sie sich aus! Sie können zusätzlich eine Bauchmassage durchführen. Leichte Bewegungen sind möglich und können für eine bessere Verteilung des Wassers im Darm sorgen. Nach kurzer Zeit sollten Sie einen immer stärker werdenden Druck im Bauch spüren. Gehen Sie zur Toilette und entledigen Sie sich des Wassers. Das Wasser kommt schubweise in unterschiedlichen Abständen und mit unterschiedlicher Menge. Bleiben Sie darum lieber einige Zeit länger auf der Toilette sitzen.

 Sollten Ihnen Einläufe oder Glaubersalz zu starke Maßnahmen sein, suchen Sie nach Alternativen. Rizinusöl ist beispielsweise ein weiteres Abführmittel, das Sie nehmen können. Ebenso Pflaumensaft oder Sauerkrautsaft.

Hausmittel und Tipps zur Darmsanierung
Um Ihre Darmflora allgemein zu stärken, ohne auf bestimmte Bakterien-Präparate zurückgreifen zu müssen, können Sie ein paar Dinge in Ihrem Alltag ändern. Neben einer gesunden Ernährungsweise und Stressreduktion können Sie täglich einen Viertelliter Buttermilch oder Sauerkrautsaft trinken. Regelmäßige Spaziergänge nach den Hauptmahlzeiten helfen den Darmbewegungen und damit der Verdauung. Essen Sie Joghurtprodukte, die einen großen Anteil an linksdrehender Milchsäure haben. Diese können Sie in Apotheken oder Reformhäusern erwerben.

3. BEHANDLUNGS- & PRÄVENTIONSMÖGLICHKEITEN

Essen Sie hin und wieder Flohsamen. Sie quellen im Darm auf und haben eine reinigende Wirkung. Starten Sie mit einem Glas warmem Wasser und einem Löffel naturtrübem Apfelessig in den Tag. Beachten Sie bei den Hausmitteln, dass die Maßnahmen zunächst für vier bis sechs Wochen anzusetzen sind. Danach müssen deren Wirkungen überprüft werden. Sie können nicht für alle Zeiten eingenommen werden, auch – oder gerade weil – sie den Anschein normaler Lebensmittel erwecken.

Eine einfache und effektive Maßnahme zur Darmsanierung besteht darin, möglichst viel zu trinken. Wenn ein Abwasserrohr verstopft ist, kann es schon helfen, das Rohr mit viel Wasser zu spülen. Im Falle des menschlichen Körpers sollten täglich zwei bis drei Liter Wasser getrunken werden. Am besten gefiltertes Leitungswasser oder Quellwasser, dessen hohe Qualität gesichert ist. Darüber hinaus sind frisch gepresste Gemüsesäfte ein hervorragendes Mittel, um Ihren Darm zu stärken. Sauerkrautsaft und andere Kraut- oder Grassäfte besitzen viele Nährstoffe, die den Stoffwechsel positiv beeinflussen. Chlorophyll, der grüne Pflanzenfarbstoff, beinhaltet Magnesium. Der rote Blutfarbstoff Hämin ist dem Chlorophyll sehr ähnlich, enthält aber statt Magnesium Eisen. So kann Chlorophyll die Bildung roter Blutkörperchen anregen und Magnesiummangel beseitigen, was Muskel- und Nervenfunktionen positiv beeinflusst. Nutzen Sie die Kraft des Grünen! Frisch gepresste grüne Säfte sind wahre Vitaminbomben und enthalten viele Mineralien. Je frischer die Kräuter oder Gräser sind, desto höher die gespeicherte Lichtenergie in den Pflanzen. Das bedeutet mehr Enzyme und mehr Vitalität.

Eine Darmsanierung ist natürlich nicht immer erforderlich. Eine bewusste und verdauungsfördernde Ernährung dagegen schon. Wenn Sie unter Sodbrennen leiden, achten Sie auf weitere Symptome. Gerade Störungen im Verdauungssystem können Hinweise auf eine Darmschwäche sein. Sie können selbst eine Menge für die Gesundheit Ihres Darms tun. Probieren Sie es doch einfach mal aus! Sollten die Probleme jedoch anhalten, konsultieren Sie Ihren Hausarzt und ziehen Sie eine Untersuchung der Darmflora in Erwägung. Auch wenn über die Relevanz der Therapien zur Darmsanierung gestritten wird und sie von dem konventionellen Wissenschaftsbetrieb nicht anerkannt sind, gibt es genügend Ärzte und Heilpraktiker, die die positiven Wirkungen einer probiotischen Darmsanierung bestätigen. Wenn Sie beschließen, Ihren Darm zu »erneuern«, gehen Sie ruhig den Weg einer Darmreinigung und entfernen Sie festgesetzte Schlacken. Im Yoga heißt es, dass eine gründliche Reinigung des Darms nicht nur der Gesundheit zuträglich ist, sondern auch bis dahin blockierte Energien freisetzt, die nach ihrer Freisetzung im ganzen Körper wirken können.

3.7 Entsäuerung

Dass am Sodbrennen die Magensäure beteiligt ist und die basische Ernährung dazu beitragen soll, den Säurehaushalt im Körper zu regulieren, wurde bereits in vorangegangenen Kapiteln dargestellt. Im weiteren Sinne ist diese Ernährungsform eine Entsäuerung. Unter dem Begriff »Entsäuerung« werden jedoch noch weitere Therapien zusammengefasst, mit denen überschüssige Säuren aus dem Körper geleitet werden sollen. Sollten Sie bereits die basische Ernährung oder eine Darmsanierung anwenden, warten Sie mit den anderen Maßnahmen, denn diese beiden Anwendungen können bereits zu einer effektiven Entsäuerung führen. Es gibt allerdings auch einen Nachteil der basischen Ernährung und der Darmsanierung: Weil der Schwerpunkt entweder auf der Ernährung liegt oder auf einer Beeinflussung der Darmflora, wird vorrangig der Magen-Darm-Trakt entsäuert. Das wirkt sich zwar indirekt auch positiv auf den gesamten Körper aus, aber bei einer effektiven Entsäuerung sollte es darum gehen, die Zellen zu entsäuern und aus sauren Zellen wieder basische zu machen.

3. BEHANDLUNGS- & PRÄVENTIONSMÖGLICHKEITEN

Bei jeder Form von Entsäuerung im Speziellen oder naturheilkundlichen Therapien im Allgemeinen sollten Sie niemals vergessen, die Grundlagen einer gesunden Lebensweise in Ihren Alltag mit einzubeziehen. Therapien können kurzfristig wirken, findet aber keine grundlegende Veränderung im Lebenswandel statt, wird es früher oder später wieder zu neuen Symptomen kommen. Vernachlässigen Sie darum niemals ausreichende Bewegung, genug Sonnenlicht, eine ausgeglichene Ernährung, Entspannung und viel Flüssigkeitszufuhr. Wenn es Ihnen gelingt, diese Dinge täglich zu beachten, haben Sie schon viel gegen Übersäuerung getan. Da viele Faktoren des modernen Lebens allerdings unseren Freiraum enorm eingrenzen, ist es nicht jedem möglich, diese Grundlagen der Gesundheit einzuhalten. Folglich sind auch Übersäuerungen an der Tagesordnung. Gerade im Bindegewebe lagern sich Schlacken bzw. Säuren ab, sodass die Entsäuerung des Bindegewebes an erster Stelle steht.

Schlacken und Säuren

Der Körper entzieht dem Nahrungsbrei relevante Nährstoffe, die er in Energie umwandelt. Was er nicht benötigt, wird ausgeschieden – über den Darm, die Nieren, die Lungen oder die Haut. Wenn der Körper die Ausscheidungsprodukte restlos entsorgen kann, ist alles gut. Entstehen aber so viele Reste, dass der Körper sie nicht alle ordnungsgemäß entfernen kann, werden diese Schlacken und Säuren im Bindegewebe gelagert, um später ausgeschieden zu werden. So fallen immer mehr Überbleibsel an, die eingelagert werden müssen. Die Folge: natürliche Gleichgewichte kippen – zum Beispiel das Säure-Basen-Gleichgewicht. Um dieses Gleichgewicht zu erhalten, können Entschlackungskuren angewendet werden. Diese beinhalten meist Maßnahmen zur Entsäuerung, denn Säuren sollten genauso wie Schlacken aus dem Körper abgeleitet werden. Eingelagerte und für den Körper nicht notwendige Säuren bedingen ein saures Bindegewebe. Dieses steht in Zusammenhang mit Übergewicht, Cellulite,

3.7 ENTSÄUERUNG

Hautproblemen, Gelenkbeschwerden, Zahn- bzw. Zahnfleischproblemen, Konzentrationsdefiziten und Krampfadern.

Bekannte Entsäuerungen im Überblick

Zur Ausscheidung oder Neutralisierung von Säuren kann die basische Ernährung oder der Verzehr von Basenpulver ausreichend sein. Darüber hinaus gibt es spezielle basische Tees, die morgens und abends getrunken werden. Die sogenannten Basentees sind in Apotheken, Reformhäusern oder Drogerien erhältlich. Meist bestehen sie aus Zimt, Süßholzwurzel, Ingwer oder Fenchel. Sie dienen der Unterstützung bestehender Entschlackungsmaßnahmen und sollten daher durch andere Maßnahmen ergänzt werden.

Basische Körperhygiene und -pflege

Basenbäder bilden eine Möglichkeit der Körperpflege, bei der die Haut als Ausscheidungsorgan angeregt wird, die überschüssigen Säuren abzugeben. Auch wenn diese Methode von der derzeitigen Wissenschaft nicht anerkannt ist, haben Entspannungsbäder eine wohltuende Wirkung auf Körper und Seele. Nichts anderes sind Basenbäder. Es handelt sich um bestimmte Badezusätze wie Mineralien, natürliche Salze oder Basen. Mit diesen Ingredienzien versehene Bäder beruhigen Körper und Geist und regen die Ausscheidungsfunktion der Haut an. Die basische Umwelt in der Badewanne ist ein Gegengewicht zum überhöhten Säuregehalt im Körper. Ein Basenbad eignet sich für jeden Menschen, der gerne Badezusätze verwendet, um sich zu verwöhnen. Es kann problemlos in die tägliche Hygiene integriert werden, was es zu einer einfachen Maßnahme gegen Übersäuerung macht.

Im Wellnessbereich und der alternativen Medizin gibt es eine Menge kommerzieller Angebote, die auf Basen beruhen. Ein Großteil ist für die Körperhygiene konzipiert, sodass auch hier die Haut angeregt werden kann. Es gibt beispielsweise basische Seifen, die in der Naturkosmetik Anwendung finden und eine

3. BEHANDLUNGS- & PRÄVENTIONSMÖGLICHKEITEN

Alternative zu den industriellen Duschgels sind. Seifen und Badezusätze gelten als besonders wirksam und wohltuend für die Haut. Wer unter Hautproblemen leidet, sollte regelmäßige Basenbäder nehmen oder beim Waschen auf basische Seife setzen. Die chemisch hergestellten Seifen oder Duschgels sind sehr sauer und daher schädlich für den Körper. Allergische Reaktionen, Pilze, Hautunreinheiten, Ausschlag, Jucken oder Brenngefühle können die Folge einer zu sauren Körperpflege sein.

Für die basische Körperpflege sind viele Produkte erhältlich, die auch in der handelsüblichen Produktpalette vorhanden sind: Feuchtigkeitscremes, Pflegecremes, Reinigungsmilch, Lotionen, Duschgels, Haarwaschmittel, Köperöle, Lippenbalsam, Deodorants etc. Im Drogeriemarkt, in Reformhäusern und im Internet sind vielfältige Angebote zu finden.

Basenstrümpfe – Hilfe über Nacht
Das bereits bei Sebastian Kneipp erwähnte Trockenbürsten regt das Lymphsystem an, was die Entschlackung bzw. Entsäuerung fördert und die Haut reinigt. Ebenfalls über die Haut wirken Basenstrümpfe. Sie können nachts getragen werden und helfen, eine Entsäuerung über die Fußsohlen zu begünstigen. Basische Strümpfe können Sie kaufen oder mit ein wenig Aufwand selbst herstellen: Lösen Sie Mineralsalz in heißem Wasser auf. Legen Sie Wollsocken in die Lauge, bis sich diese vollkommen mit der Flüssigkeit gefüllt haben. Wringen Sie die Socken gut aus und ziehen Sie sie anschließend an. Ziehen Sie ein weiteres paar Wollsocken darüber und legen Sie sich schlafen. Eine Alternative besteht darin, nur heißes Wasser zu verwenden und auf Mineralsalz zu verzichten. Dieses Hausmittel ist lange bekannt und wurde schon von Sebastian Kneipp angewendet.

Heilkreide
Die Rügener Heilkreide ist in der Naturkosmetik und Naturmedizin weit verbreitet. Sie kann zum Zähneputzen, für Hautpeelings,

3.7 ENTSÄUERUNG

Gesichtsmasken oder Wickel benutzt werden. Bei der Kreide handelt es sich um ein reines Naturprodukt ohne Allergene. Die Rügener Kreide wird auf der Insel Rügen aus natürlichen Kreidevorkommen gewonnen. Es gibt selbstverständlich noch weitere Standorte der Kreidegewinnung und entsprechend andere Heilkreiden. In Deutschland ist jedoch die Rügener Kreide die bekannteste. Sie besteht zu fast 100 % aus reinem Calciumcarbonat und hat einen pH-Wert von 8,5. Sie wird naturheilkundlich gegen Muskelverspannungen, Gelenkprobleme, Rheuma, Neuralgien, Prellungen, Hautprobleme und lymphatische Stauungen eingesetzt. Sie können die Heilkreide als Pulver erwerben oder als fertige Gesundheits- oder Kosmetikprodukte.

Der Verein Rügener Heilkreide e. V. stellt im Internet Informationen, Angebote, Ansprechpartner und Heilkreide-Kuren vor.[16] Eine dieser Kuren besteht in Fußbädern, die über einen Zeitraum von drei Wochen angewendet werden. In der ersten Woche nehmen Sie täglich ein Fußbad, in den folgenden zwei Wochen lassen Sie zwischen den einzelnen Fußbädern zunehmend mehr Zeit verstreichen und die Kur auf diese Weise schließlich ausklingen. Zur Anwendung kommen 500 g Heilkreide, die in fünf Liter warmes Wasser gegeben werden. Nutzen Sie eine Schüssel, die groß genug ist, dass beide Füße darin genügend Platz finden. Das Fußbad sollte 45 Minuten dauern. Zwischendurch ist es erforderlich, immer wieder warmes Wasser nachzufüllen. Spülen und trocknen Sie nach dem Fußbad Ihre Füße ab.

Gesundes Atmen
In der TCM ist die Atmung von entscheidender Bedeutung, denn mit ihr wird Lebensenergie aufgenommen und im Körper verteilt. Der Atem ist eine natürliche Verbindung zum Kosmos, ohne den der Mensch nicht lebensfähig ist. In der östlichen Heilkunde

---
16 Verein Rügener Heilkreide e. V. (o. J.), www.heilkreide.de,
    Link im Quellenverzeichnis.

3. BEHANDLUNGS- & PRÄVENTIONSMÖGLICHKEITEN

heißt es: »Wenn ich einatme, atmet das Universum aus. Wenn das Universum einatmet, atme ich aus.« Damit ist nichts weiter gemeint, als dass es einen harmonischen Atem-Rhythmus gibt, durch den der Mensch mit seiner Umwelt verbunden ist. Weil der Atem so wichtig ist, gibt es in den östlichen Traditionen eine unüberschaubare Zahl an Atemübungen und Hinweisen zu korrekter Atmung. Auch in den westlichen Gesellschaften gibt es spezielle Atemübungen. Diese sind zwar nicht so vielschichtig in philosophische oder spirituelle Denkweisen eingebunden wie in den östlichen Ländern, aber auch sie würdigen den Wert einer richtigen Atmung für Gesundheit und Wohlbefinden des Menschen.

Die Atemübungen können beispielsweise bei der Entsäuerung helfen, weil Kohlensäure über die Lungen ausgeatmet wird. Dabei wird sie nicht direkt ausgeatmet, sondern in Form von Kohlendioxid. Je besser Sie Ihre Atmung beherrschen, desto besser können Sie die Ausscheidungsfunktion der Lungen nutzen. Das Ziel der meisten Atemübungen ist die Schulung langsamer und bewusster Atemweisen. Es gibt zum Beispiel in einigen taoistischen Schulen die Übung, Luft langsam und gleichmäßig einzuatmen, sodass sich der Oberkörper gleichmäßig ausdehnen kann. Auch das Ausatmen geschieht so langsam und gleichmäßig wie möglich. Dadurch wird nicht nur mehr Lungenkapazität genutzt, sondern der Körper erfährt auch von innen heraus eine Massage. Die inneren Organe werden durch den stetigen Druck in den Lungen massiert und können so auf einfache Weise stimuliert werden. Wenn Sie diese Übung praktizieren möchten, entspannen Sie sich zunächst und beginnen dann, den Luftstrom an die Stelle unterhalb des Bauchnabels zu lenken. Brustatmung grenzt nicht nur die Kraft der Lungen ein, sondern hebt auch den eigenen Schwerpunkt an, sodass es schwieriger ist, das physische und psychische Gleichgewicht zu halten. Während Sie langsam einatmen, stellen Sie sich vor, wie die Luft von Ihrem Körperzentrum aus in alle Richtungen des Bauchraums ausströmt. Beginnen

3.7 ENTSÄUERUNG

Sie die Übung zunächst damit, zehn Sekunden lang einzuatmen und zehn Sekunden lang auszuatmen. Je nach Lungenvolumen und individuellem Fortschritt können Sie die Phasen des Ein- und Ausatmens verlängern. Achten Sie im Alltag darauf, so ruhig zu atmen, dass Sie Ihre Atmung nicht hören. Eine schnelle, hektische Atmung schwächt den Stoffwechsel und hemmt entsprechend die Entsäuerung.

Um ein Bewusstsein für Ihre Atmung zu erhalten, können Sie sich vorstellen, wie die Energie beim Einatmen von Ihrem Körperzentrum aus an der Wirbelsäule nach oben steigt bis zur Nase und von dort wieder nach unten ins Zentrum zurückfließt. Je gleichmäßiger dieser Energiefluss visualisiert wird, desto besser passt sich die Atmung diesem Rhythmus an. Dies hilft auch bei psychischen Spannungen. Immer wenn Sie aufgewühlt oder nervös sind, können Sie sich auf einen regelmäßigen Atem konzentrieren, um sich zu beruhigen.

Basenpulver: Vorsicht vor Zusatzstoffen!

Da das Geschäft mit der Entsäuerung derzeitig boomt und es viele Anbieter basischer Stoffe gibt, besteht auch ein gewisses Risiko für die eigene Gesundheit. So finden sich beispielsweise in manchen Basenpulvern anorganisches Natriumbicarbonat, Phosphate oder Calciumcarbonat. Diese sind in der Herstellung relativ günstig, aber schädlich für den Organismus. Natriumbicarbonat reagiert beispielsweise mit der Magensäure. Es bildet sich Kochsalz. Kochsalz begünstigt hohen Blutdruck und das Wachstum von Nierensteinen oder Magenkrebs. Eine zu starke basische Einwirkung auf den Magen führt im Anschluss zu einer Säureüberproduktion, was die Schleimhaut schädigen kann. Wenn Sie bereits über zu wenig Magensäure verfügen und dann noch reichlich Natriumbicarbonat zuführen, schwächen Sie die natürliche Abwehr im Magen und Bakterien können sich leichter ansiedeln. Darum sollte die Einnahme von Präparaten mit Natriumbicarbonat mit einem Arzt

3. BEHANDLUNGS- & PRÄVENTIONSMÖGLICHKEITEN

besprochen werden. Natriumbicarbonat ist darüber hinaus genau wie Calciumcarbonat dafür bekannt, die Darmflora, vorrangig die des Dickdarms, zu schwächen.

Mehr Schaden als Erfolg
Ebenso sind die Zusätze von Eisen oder Kupfer zu einem Basenpulver eher fraglich. Rein biochemisch gesehen, wirken diese Stoffe überhaupt nicht auf den Säure-Basen-Haushalt des Körpers. Außerdem stellte Frau Prof. Dr. Ingrid Gerhard in diesem Zusammenhang fest, dass »viele Menschen ohnehin durch einen historisch noch nie da gewesenen hohen Fleischkonsum damit bereits überversorgt sind«[17]. Eine erhöhte Zufuhr von Eisen oder Kupfer kann Herz-Kreislauf-Erkrankungen oder Krebs fördern. Wenn allerdings ein ständiger Eisen- oder Kupfermangel besteht, ist eine entsprechende Zufuhr der Stoffe hilfreich, weil sie eine Unterversorgung des Körpers ausgleicht. Prof. Dr. Ingrid Gerhard weist zudem darauf hin, dass in einigen Basenpulvern Laktose und Saccharose enthalten sind. Es gibt eine Menge Leute, die an Laktose-Intoleranz leiden. Hier wird die Einnahme solcher Basenpulver kontraproduktiv wirken. Saccharose (weißer Zucker) kann die Säurebildung anregen, wenn eine Sauerstoffunterversorgung vorliegt. Demnach ist auch dieser Stoff in Basenpulvern wenig hilfreich. Wenn Sie sich also für Basenpulver entscheiden, achten Sie auf die Inhaltsstoffe und konsultieren Sie bei Bedarf Ihren Arzt.

Was Sie sonst noch wissen sollten

 Wenn Sie sich für eine Entsäuerung entscheiden und diese selbst durchführen möchten, versuchen Sie einen ganzheitlichen Ansatz zu verfolgen. Es reicht nicht, lediglich basenkonzentrierte Pflegeprodukte aufzutragen oder bei

---

17 Gerhard 2010, www.netzwerk-frauengesundheit.com, Link im Quellenverzeichnis.

3.8 FASTEN

der Ernährung auf die basische Qualität und Quantität zu achten. Eine Entsäuerung soll Ihnen helfen, zu den Ursachen der Störungen vorzudringen, um diese letztendlich zu beseitigen. Das heißt, Sie sollten während Ihrer Entsäuerungskur – je nach Möglichkeit – Ihre Ernährung umstellen, mehr Zeit für effektive Bewegung aufbringen und sich für Entspannungsverfahren entscheiden, die Sie am besten regelmäßig gegen den alltäglichen Stress anwenden. Vergessen Sie auch nicht, ausreichend klares Wasser zu trinken.

All dies sind relativ einfache Maßnahmen, um Ihre Gesundheit zu verbessern. Nur weil sie einfach sind, heißt das aber nicht, dass sie auch leicht beizubehalten sind. Es erfordert viel Durchhaltevermögen, Selbstdisziplin, Geduld und Heiterkeit, um langfristige Änderungen zu bewirken. Auch hier gilt: Nehmen Sie das Sodbrennen als Anlass, Ihren Körper rasch zu entsäuern und Ihr Leben langfristig auf ein gesundes Programm auszurichten. Es wäre schade, würden Sie nach einer Entsäuerungskur rückfällig werden. Bleiben Sie am Ball!

3.8 Fasten

Fasten ist gemeinhin als Verzicht auf Nahrungsmittel bekannt. Im weiteren Sinn wird Fasten mit allgemeinem Verzicht gleichgesetzt. So gilt auch der bewusste Verzicht auf Getränke oder Genussmittel als Fasten. Das Wort kommt ursprünglich aus dem Althochdeutschen und bedeutet so viel wie »an der Enthaltsamkeit festhalten« oder »an den Geboten der Enthaltsamkeit festhalten«. Wenn es nur um den Verzicht auf bestimmte Lebensmittel geht, wird von Enthaltung oder Abstinenz gesprochen. Das Fasten hingegen kommt vorwiegend in religiösen bzw. spirituellen Systemen vor. Es spielt sowohl im Christentum als auch im Islam und Hinduismus eine tragende Rolle. Neben der geistigen Funktion erfüllt das Fasten auch eine körperliche und wird für

3. BEHANDLUNGS- & PRÄVENTIONSMÖGLICHKEITEN

Darmreinigungen, Diäten oder als komplette Fasten-Therapie zur Behandlung verschiedenster Beschwerden eingesetzt.

Eine umfassende Hilfe für Körper und Geist
Im christlichen Jahreskreis beginnt die Fastenzeit nach Fasching und endet an Ostern. Es dient der Vorbereitung auf die große Wiederauferstehungsfeier und soll dem Menschen helfen, sich auf das Wesentliche zu konzentrieren. Jesus geht in der Bibel in die Wüste, um allein 40 Tage zu fasten. In dieser Zeit wird er mehrfach vom Teufel verführt, doch Jesus bleibt im Verzicht standhaft. Religiöses Fasten ist in unterschiedliche Riten eingebettet. Fasten kann auch als politisches Mittel genutzt werden. Immer wieder treten Menschen in Erscheinung, die ihre politische Botschaft mit der Warnung untermauern, so lange zu fasten, bis der Tod eintritt. Ein Hungerstreik ist zum Beispiel solch ein politisch oder gesellschaftlich motiviertes Fasten.

Heilfasten in der Kritik
Bereits in der Antike wurde das Fasten für Heilzwecke angewendet. So hat angeblich schon Hippokrates seinen Patienten geraten, sie sollten ihre Krankheiten lieber durch Fasten heilen als durch Arznei. Heutzutage ist in einem solchen Zusammenhang das Wort »Heilfasten« bekannt. Es soll der Entschlackung und Regeneration des Körpers dienen, ist medizinisch jedoch umstritten, denn durch den Verzicht auf Nahrungszufuhr reduziert der Körper seinen Stoffwechsel.

Die Deutsche Gesellschaft für Ernährung (DGE) sieht zwar eine Möglichkeit positiver Wirkungen des Heilfastens. Sie zieht aber die Bilanz, dass es zu wenige wissenschaftliche Bestätigungen von Heilerfolgen oder deutlichen Besserungen von Beschwerden durch Heilfasten gibt. Außerdem ist die Theorie der Entschlackung nicht haltbar, da es keine Ansammlung von unverwertbaren Stoffwechselprodukten im Körper gebe. Die DGE rät den Menschen, sich vor dem Heilfasten vorher gründlich von

3.8 FASTEN

einem Arzt untersuchen zu lassen und sämtliche potenziellen Gefahren abzuklären.[18]

Heilfasten als altbewährte Hilfe
Dieser Meinung stehen zahlreiche Ärzte und Heilpraktiker skeptisch gegenüber. Einige Ärzte, die das Heilfasten nicht nur als wichtige Therapie empfehlen, sondern auch mit ihren Patienten durchführen, haben sich in der Ärztegesellschaft Heilfasten & Ernährung e. V. zusammengeschlossen. Sie sind nicht nur bemüht, die Kritik am Fasten zu widerlegen, sondern stehen auch als Ansprechpartner zur Verfügung und bieten Fastenkuren und Fortbildungen zur Fastentherapie an. Die Ärztegesellschaft empfiehlt das Fasten sowohl für Kranke als auch für Gesunde. Da das Fasten den gesamten Stoffwechsel beeinflusst, können viele psychische und physische Beschwerdebilder angegangen werden, unter anderem chronisch-entzündliche Erkrankungen, chronische Schmerzsyndrome, psychosomatische Störungen, atopische Erkrankungen (allergische Reaktionen, Typ-I-Allergie), kardiovaskuläre Erkrankungen (Krankheiten, die vom Gefäßsystem oder dem Herzen ausgehen) oder metabolische Erkrankungen (stoffwechselbedingte Störungen).

Da das Fasten Teil der Menschheitsgeschichte und ein allgemeines Kulturgut ist, kann davon ausgegangen werden, dass schon früher seine positiven Wirkungen bekannt waren. In der alten Zeit, als die Gesellschaften weniger komplex waren, war die Medizin mit der Religion enger verbunden, sodass das Fasten sowohl gesundheitliche als auch die spirituelle Aspekte beinhaltete. Das Heilen des Körpers war zugleich die Heilung der Seele. Mäßigkeit und Verzicht sind uralte Prinzipien zur Lebensbewältigung und Gesundung. Das Fasten war sogar als Mittel der Lebensverlängerung bekannt. Roger Bacon (1214–1294) empfahl

---

18 Reumschüssel 2013, www.welt.de, Link im Quellenverzeichnis.

3. BEHANDLUNGS- & PRÄVENTIONSMÖGLICHKEITEN

beispielsweise das Fasten gegen die zunehmende Verdörrung und Zersetzung des Körpers im höheren Alter.

In den alten Kulturen ging es den Menschen – anders als in den heutigen Industrienationen – weniger um ständigen Konsum, sondern vielmehr um geistige Werte. Diese Werte haben mit der Säkularisierung und Industrialisierung ihre Bedeutung verloren. Doch die Mäßigkeit ist nach wie vor aktuell: Immer mehr Menschen scheinen zu verstehen, dass es kein ewiges Wachstum gibt und dass man mit Geld kein Glück erwerben kann. Diese Menschen treten bewusst einen Schritt zurück, werden in der schnelllebigen Zeit langsamer und suchen nach neuen Sinnangeboten. Das Heilfasten ist im Zeitalter des Überflusses und der Wegwerfgesellschaft wieder beliebt und wird nicht selten im Kontext alternativer Sinnangebote gesehen.

Fasten bei Sodbrennen?

Das Heilfasten kann unabhängig von philosophischen oder religiösen Motiven praktiziert werden, um den Körper zu vitalisieren. Was scheinbar widersprüchlich klingt, wird beim Fasten zur Methode: Aus Verzicht wird neue Kraft geschöpft, aus Mangel Ausgleich. Wenn Sie fasten möchten, um Ihren Körper zu entlasten und das Sodbrennen zu lindern, seien Sie gewarnt: Der bewusste Verzicht auf Nahrung kann zu einer Magenübersäuerung führen und Sodbrennen auslösen bzw. vorhandenes Sodbrennen verstärken. Die Magensäure kann den leeren Magen auch deshalb angreifen, weil kein Nahrungsbrei vorhanden ist. Sollte während einer Fastenkur Sodbrennen auftreten, können Sie dieses durch die Einnahme oder Anwendung von Hausmitteln lindern.

Leinsamenschleim zu sich zu nehmen ist beispielsweise während des Fastens kein Problem. Außerdem kann es hilfreich sein, während des Fastens verstärkt Kamillentee zu trinken.

3.8 FASTEN

Allgemeines zum Heilfasten

Wenn Sie sich für das Fasten als Methode gegen Sodbrennen oder ganz allgemein zur Vitalisierung Ihres Körpers entschieden haben, sprechen Sie im Zweifelsfall mit Ihrem Arzt über Risiken und Nebenwirkungen. Vor allem wenn Sie Medikamente einnehmen oder unter bestimmten Krankheiten leiden, ist das Fasten nicht immer anzuraten. Sie können sich im Zweifelsfall auch an einen Fastenarzt wenden. Wenn Sie das erste Mal im Leben fasten, sollten Sie sich ohnehin vorab von einem Arzt beraten lassen. Wenn Sie während des Fastens neue, akute Symptome entwickeln oder gar fiebrig erkranken sollten, zögern Sie nicht, sich sofort beim Arzt zu melden. Es gab auch schon Todesfälle, wenn zum Beispiel sehr schlanke Menschen beim Fasten oder in der Wiederaufbauphase nach dem Fasten eine Lungenentzündung entwickelt haben.

Um im Einzelfall eine optimale Wirkung bei minimalem Risiko zu erreichen, müssen Sie sich gründlich auf das Fasten vorbereiten. Dazu gehört die Aufstellung eines Fastenplans, die Ernährungsanpassung kurz vor der Fastenphase, die Beschaffung von Getränken oder Nahrungsmitteln, die Sie während des Fastens zu sich nehmen wollen, die Beschaffung von Abführmitteln oder Einlaufgeräten, von Kontaktadressen oder Telefonnummern medizinischer Fachleute und die 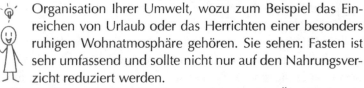 Organisation Ihrer Umwelt, wozu zum Beispiel das Einreichen von Urlaub oder das Herrichten einer besonders ruhigen Wohnatmosphäre gehören. Sie sehen: Fasten ist sehr umfassend und sollte nicht nur auf den Nahrungsverzicht reduziert werden.

Damit Sie zu Beginn des Fastens nicht in eine Überforderung geraten, wird häufig empfohlen, einen Entlastungstag oder eine kurze Phase der Ernährungsanpassung vorzunehmen. Das heißt, dass Sie vor dem eigentlichen Fasten aufhören, Ihren Ernährungs-

3. BEHANDLUNGS- & PRÄVENTIONSMÖGLICHKEITEN

gewohnheiten nachzugehen und bereits auf gewisse Lebensmittel verzichten. Dr. med. Ruediger Dahlke, Arzt, Psychotherapeut und Vertreter alternativmedizinischer Ansätze, rät beispielsweise, einen Tag vor Fastenbeginn ausschließlich Obst zu essen. Ebenso sind Reisgerichte oder Rohkost möglich. Was die Getränke angeht, rät er zu Wasser, Kräutertees oder Obstsäften. Mit dieser Ernährung stimmen Sie sich auf das Fasten ein und lindern bzw. vermeiden die sonst üblichen Symptome von Kopfschmerzen, Durchfällen oder Blähungen, die üblicherweise am Anfang des Fastens stehen.

Wenn Sie fasten, sollten Sie auf sämtliche feste Nahrung verzichten. Die Intensität des Fastens hängt von Ihren Zielen ab. Es gibt Menschen, die in der Fastenzeit ausschließlich Wasser trinken, es gibt aber auch Menschen, die Obstsäfte, Tees oder Suppen trinken. Die Zufuhr von Flüssigkeit ist der wichtigste Punkt beim Heilfasten. Denn der Nahrungsmangel führt zu einer Unterversorgung des Körpers, die durch vermehrtes Trinken unbedingt ausgeglichen werden muss. Außerdem wirkt genügend Flüssigkeit reinigend und spülend. Trinken Sie mindestens (!) zwei Liter pro Fastentag, um Schlacken oder Säuren ablösen und abtransportieren zu können. Bei Sodbrennen sollten Kräutertees oder klares Wasser getrunken werden. Obstsäfte sind nur bedingt hilfreich, weil die Fruchtsäure aggressiv wirkt. Allerdings werden gerade Fruchtsäfte in einigen Fastenprogrammen empfohlen, weil sie wichtige Nährstoffe für den Körper liefern, die sonst über die Nahrung aufgenommen werden.

Die Flüssigkeitszufuhr verhilft auch zu regem Stuhlgang. Dieser ist beim Fasten gefährdet. Mindestens jeden zweiten Tag – am besten aber täglich – sollte es zu einer Stuhlentleerung kommen. Wenn dies einwandfrei klappt, ist alles gut. Wenn nicht, müssen Sie nachhelfen – entweder mit Abführmitteln oder einem Einlauf. Beide Methoden wurden bereits im Kapitel zur Darmsanierung beschrieben. Eine Alternative ist das Trinken von Pflaumen-, Sauerkraut- oder Apfelsaft.

3.8 FASTEN

Nach dem Fasten muss der Körper wieder an eine normale Ernährung gewöhnt werden. Das heißt nicht, dass Sie wieder so essen sollen wie vor dem Fasten. Es heißt lediglich, dass die Qualität und Quantität der aufgenommenen Nahrung verändert werden sollte. Sie können die Fastenzeit nutzen, um anschließend neue Essgewohnheiten zu kultivieren. Dies beginnt mit den sogenannten Aufbautagen nach dem Ende des Fastens. In diesem Zeitraum wird der Körper wieder an feste und regelmäßige Nahrung gewöhnt. Die Aufbauzeit sollte langsam und behutsam angegangen werden, um Stoffwechsel und Verdauung nicht zu überlasten. Lassen Sie sich mindestens vier Tage Zeit, Ihren Körper wieder »umzuschalten«. Dabei gilt es weiterhin, viel zu trinken. Bei der Ernährung sollten Sie auf salzarme Kost achten und jeden Bissen extra lange kauen. Die Mahlzeiten ist es ratsam, sie langsam und ruhig einzunehmen. Setzen Sie dabei auf ballaststoffreiche Nahrungsmittel, vor allem auf Vollgetreide, Gemüse und Obst. Der Verzehr von Fetten und Eiweißen sollte nur allmählich gesteigert werden. Wichtiger sind die Kohlenhydrate. Sie kann der Körper schnell verstoffwechseln, sodass sie das Verdauungssystem weniger belasten. Rohkost, basische, frische und selbst gekochte Mahlzeiten sollten an die Stelle von fertiger Industriekost treten.

Bei Sodbrennen: Basenfasten
Während des Fastens ist es bei gesunden Menschen normalerweise nicht ganz so wichtig, was sie trinken, solange es sich nicht um bekanntermaßen ungesunde Getränke handelt (wie Limonade oder Alkohol). Bei Menschen, die unter Sodbrennen leiden, können die aus Heilpflanzen gewonnenen Tees eine Doppelfunktion erfüllen: Sie helfen dem Körper beim Fasten und sie lindern das Sodbrennen. Eine andere Möglichkeit ist das Basenfasten. Diese Fastenmethode verbindet das Fasten mit den Mitteln der Entsäuerung und der basischen Ernährung.

3. BEHANDLUNGS- & PRÄVENTIONSMÖGLICHKEITEN

Anders als bei einer allgemeinen Fastenkur muss nicht auf jede Nahrung verzichtet werden. Es sollten aber alle säurebildenden Nahrungsmittel gemieden werden. Basenfasten soll einerseits entsäuern und andererseits der Anstoß zu einer Ernährungsumstellung sein. In der Zeit, in der gefastet wird, werden alle säurebildenden Nahrungsmittel vom Speiseplan gestrichen. Drei bis fünf kleine Mahlzeiten am Tag sind erlaubt und sollten auf Obst, Gemüse, Kräutertee und Wasser beschränkt bleiben. Zum Frühstück können Sie Wasser oder Tee trinken und zwischen frisch gepresstem Obstsaft und einer kleinen Obstmahlzeit wählen. Zwischen Frühstück und Mittagessen können Sie Mandeln gegen den Hunger essen. Nehmen Sie maximal fünf Mandeln zu sich. Alternativen sind Pflaumen, Aprikosen, Feigen oder Datteln. Diese sollten allerdings getrocknet sein. Zum Mittagessen können Sie gekochtes oder rohes Gemüse zu sich nehmen. Brühen oder Suppen sind auch möglich. Dasselbe gilt für das Abendessen.

Neustart für Körper und Geist

Auch wenn Fasten nicht immer ganz angenehm verläuft und Symptome wie Kopfschmerzen oder leichten Schwindel mit sich bringen kann, ist ein erfolgreiches Fastenprogramm die beste Möglichkeit, den Körper sozusagen wie einen Computer »neuzustarten«. Sie versetzen die Organe in einen Ruhemodus und regen die Entschlackung an. Nutzen Sie diesen Neustart als Chance, um alte Muster zu durchbrechen. Wenn Sie nach dem Fasten wieder zu einer ungesunden Ernährungsweise zurückkehren, haben Sie nichts gewonnen. Laden Sie stattdessen nach dem Neustart ein neues Ernährungsprogramm auf Ihre Festplatte, das Ihr System unterstützt. Viele Fastende berichten von mehr Lebenskraft, erhöhter Konzentrationsfähigkeit und mehr Kreativität während der Fastenzeit. Diese Effekte treten nach den ersten zwei, drei Fastentagen auf. Man sieht klarer, das Wesentliche wird sichtbar. Diese Perspektive sollten Sie über das Ende der Fastenzeit hinaus auch in Ihrem Alltag beibehalten. Dazu gehört eine Menge Mut und Selbstdisziplin, denn überall locken neue Konsumartikel und ungesunde Nahrungsmittel. Zudem erschwert der moderne Lebensrhythmus, den Fokus immer auf eine angemessene Ernährung zu legen. Wer berufstätig ist, wird wissen, wie schwer es ist, stets ausgeglichen und gesund zu kochen und zu essen.

Fasten ist aber auch ein geistiger Neustart. Durch den bewussten Verzicht lernen Fastende, dass sie auch mit weniger auskommen. Viele Gewohnheiten erscheinen uns so wichtig und unersetzbar, dass wir gar keinen Blick für das Wesentliche haben, für das, was immer da ist und nicht erkämpft, erkauft oder verteidigt werden muss. Fasten heißt loslassen, entspannen und vertrauen. So können Sie das Fasten nutzen, um mit schlechten Gewohnheiten zu brechen, alte Glaubenssätze über Bord zu werfen oder noch offene Wunden zu heilen. Sie reinigen Ihre Existenz und räumen gewissermaßen eine ganze Grube Schlamm aus, um am Boden einen Goldklumpen zu entdecken, der schon immer dort gelegen hat.

Diese Wirkungen sind nicht nur ganz allgemein von Vorteil für Sie, sondern auch in Bezug auf das Sodbrennen. Je klarer Sie sehen, desto leichter fällt Ihnen das Leben, desto entspannter sind Sie und desto ruhiger arbeitet Ihr Körper. Es gibt dann keinen Grund mehr, sauer zu sein – im psychischen wie im physischen Sinne.

3.9 Stressreduktion

Stress gilt bei vielen Krankheiten als Auslöser oder Mitauslöser. Vor allem psychosomatische Störungen sind auf ein schlechtes Stressmanagement zurückzuführen. Sodbrennen kann ebenfalls eine Folge von zu viel Stress sein. Heißt das nun, dass Sie stressfrei leben sollten, um gesund zu bleiben oder um gesund zu werden? Wenn ja, gibt es schlechte Nachrichten: Sie werden

3. BEHANDLUNGS- & PRÄVENTIONSMÖGLICHKEITEN

niemals wirklich stressfrei sein! Die gute Nachricht lautet: Das müssen Sie auch gar nicht. Es geht nicht so sehr darum, Stress zu vermeiden, sondern darum, mit Stress besser umzugehen. Das heißt, wenn Sie davon lesen, dass man sein Leben stressfreier gestalten sollte, ist damit nicht zwangsläufig gemeint, alle Situationen zu meiden, die einem unangenehm erscheinen. Würden Sie so vorgehen, würden Sie sich in ein Schneckenhaus zurückziehen und bald merken, wie schädlich dies sein kann. Stress ist nicht einzig in äußeren Umständen zu suchen. Auch die eigenen Einstellungen, Motivationen, Glaubenssätze, Ängste, Hoffnungen oder Wünsche können Stress auslösen. Wenn Sie also Stress in Ihrem Leben reduzieren möchten, müssen Sie zuerst für sich herausfinden, was wirklich zu negativem Stress führt und was eine Herausforderung ist, an der Sie wachsen können. Stressreduktion bedeutet also nicht, einfach eine Strichliste ihrer Aufgaben zu machen, von der Sie die Dinge streichen können, von denen Sie glauben, sie seien zu stressig. Stressreduktion bedeutet vielmehr eine bewusste Reflexion Ihres Lebens, um echten Stress sowie dessen Auslöser zu finden.

Was ist Stress?

Die Suche nach stressauslösenden Faktoren und eine enge Definition von Stress sind hierzu notwendig, weil das Wort »Stress« in der Öffentlichkeit geradezu inflationär verwendet wird. Hat man beruflich viel zu tun, wird vom Arbeitsstress gesprochen. Gibt es viele Projekte innerhalb der Familie, heißt es Familienstress. Stress begleitet uns in der hektischen Großstadt, bei Vorstellungsgesprächen, im Straßenverkehr, beim Einkauf, in der Kindererziehung, ja, man könnte meinen, überall dort, wo es unbequem wird, würde Stress auf uns warten. Dabei ist Stress innerhalb der Psychologie und Medizin eindeutig definiert. Es handelt sich um spezifische physische und psychische Reaktionen, die Lebewesen zeigen, wenn sie besondere Anforderungen bewältigen müssen.

3.9 STRESSREDUKTION

Wenn sich alles zusammenzieht
Das Wort »Stress« hat zwei Wortbezüge: Im Englischen bedeutet es »Druck« oder »Anspannung«. Im Lateinischen gibt es das Verb »stringere«, was »anspannen« bedeutet. Wenn wir bei der englischen Übersetzung »Druck« bleiben, so führt uns das vor Augen, dass es wohl niemals völlig stressfreie Momente im Leben gibt. Jederzeit kann etwas geschehen, das einen mehr oder weniger schweren Druck auf uns ausübt. Je nachdem, wie wir mit diesem Druck umgehen, kann von einem guten oder weniger gutem Stressmanagement gesprochen werden. Wenn Sie beispielsweise bereits bei Kleinigkeiten vollkommen anspannen und nervös werden, haben Sie eine geringere Stresstoleranz als jemand, der auch bei größeren Schwierigkeiten ungerührt bleibt. Druck entsteht, wenn Sie Probleme mit Ihrer Umwelt haben. Das kann eine Kündigung sein, häufiger Streit in der Familie oder eine unruhige Wohnlage. Druck entsteht aber auch, wenn Ihre Bedürfnisse und Wünsche nicht mit Ihrer Umwelt bzw. Ihrem Leben übereinstimmen. Wenn Sie zum Beispiel die Vorstellung haben, eines Tages viel Geld zu verdienen, dieser Tag aber nie eintritt, Sie jedoch ständig auf ihn warten, kann das enormen Druck erzeugen. Genauso bei der Partnerwahl: Wenn Sie ganz genaue Vorstellungen von einem Partner haben, aber nie einen Menschen treffen, der all Ihre Erwartungen erfüllt, kann das zu Frustrationen führen, die letztlich Ihrem Körper schaden. Stress hat also auch sehr viel mit eigenen Erwartungen zu tun.

Stress ist eine Re-Aktion
Stress kennen nicht nur Menschen. Auch Tiere können in Stress geraten. Wenn bestimmte äußere Reize auftreten, die Druck ausüben, werden bei Mensch und Tier psychische und physische Reaktionen hervorgerufen, mit denen sie die druckbelastete Situation überstehen. Stressreaktionen sind eine Art besonderes Kraftsystem, mit dem der Körper sowohl besondere Anforderungen der Umwelt bewältigen kann als auch die mit der Drucksituation

3. BEHANDLUNGS- & PRÄVENTIONSMÖGLICHKEITEN

zusammenhängenden physischen wie psychischen Belastungen. Begegnet ein Tier einer akuten Gefahrensituation, wird es in eine höhere Handlungsbereitschaft versetzt, um angemessen reagieren zu können. Diese Handlungsbereitschaft beinhaltet eine Erhöhung der Aufmerksamkeit, der Entscheidungsbereitschaft und eine Intensivierung von Kreislaufprozessen und Muskelaktivierungen. Der Körper verbraucht die eigenen Ressourcen schneller, um mehr Energie zur Verfügung zu haben. Dasselbe ist beim Menschen der Fall. Wenn dieser auf akute Gefahrensituationen trifft, werden Kräfte mobilisiert, die er vorher gar nicht kannte.

Allerdings muss nicht immer eine Existenzbedrohung vorliegen, um Stress auszulösen. Bereits subjektiv empfundene Belastungen können zu Stress führen. Wenn Menschen längere Zeit auf hohem Stressniveau ausharren und nicht mehr auf ein normales Level herunterschalten können, kommt es zu Hyperstress (ein Übermaß an Stress) – und letztlich zum Burn-out. Dann sind die Energieressourcen aufgebraucht und das subjektive Empfinden von übergroßem Stress überwiegt. Deshalb ist es wichtig, das eigene Leben auf Stressmomente zu untersuchen und darüber nachzudenken, ob bestimmte Reaktionen nicht vielleicht doch etwas übertrieben sind. Jedes Übermaß an Handlungen, Gedanken oder Gefühlen kann eine Energieverschwendung sein. Gehen Sie daher vorsichtig mit Ihrem Energiehaushalt um.

Guter Stress, schlechter Stress
Nicht jeder Stress ist negativ. Stress kann auch positiv sein und dem Menschen Gelegenheit geben, eigene Grenzen zu überwinden und so Glücksgefühle auslösen. Negativer Stress liegt immer dann vor, wenn sich Menschen bedroht, eingeengt oder überfordert fühlen und nicht in der Lage sind, diese Gefühle zu verarbeiten oder auszugleichen. Eine starke Anspannung des Körpers ist die Folge. Positiver Stress hingegen fördert die körperliche Leistungsfähigkeit, ohne dem Körper zu schaden. Er

3.9 STRESSREDUKTION

wirkt sich kurz- und langfristig positiv auf den Menschen aus, weil psychische und physische Fähigkeiten verbessert werden. Positiver Stress entsteht beispielsweise bei Wettkampfsportlern, die für bestimmte Leistungen motiviert werden.

Die Stressoren
Sämtliche Reize, die Stress auslösen, werden als Stressoren bezeichnet. Es können sowohl äußere Reize wie akute Bedrohungen sein als auch innere Reize wie Verzweiflung oder Enttäuschung. Entscheidend dafür, ob ein Reiz zum Stressor wird, ist die Interpretation des Betroffenen. Eine Anpassungsreaktion erfolgt erst nach der Reizverarbeitung inklusive der Reizbewertung. Die Psychologen Thomas Holmes und Richard Rahe haben eine Skala mit 43 Ereignissen entwickelt, die nach ihrer jeweiligen Stressintensität aufgelistet sind.[19] Je mehr Lebensbereiche eines Menschen in der Folge eines solchen Ereignisses einer Anpassungsreaktion unterzogen werden müssen, desto höher ist das Stressempfinden. So sind beispielsweise der Tod des Ehepartners, eine Scheidung oder eine Haftstrafe mit einem hohen Stresswert verbunden.

Auswirkungen von Stress auf Körper und Geist
Wenn Stress über einen längeren Zeitraum besteht und nicht ausgeglichen werden kann, wird er als unangenehm, bedrohlich und überfordernd gewertet. Diese Wertung wird vor allem dann verstärkt, wenn die Stressoren in der Umwelt liegen und die Person sich nicht in der Lage sieht, etwas daran zu verändern. Dann hat sie das Gefühl, mit dem Rücken zur Wand zu stehen. Typische Beispiele sind Prüfungsängste, Vorstellungsgespräche, unklare Erkrankungen oder eine durch Lärm belastete Wohnsituation. Besonders im letzten Beispiel erhöht sich das Stressniveau

---

19 McLeod 2010, www.simplypsychology.org,
Link im Quellenverzeichnis.

3. BEHANDLUNGS- & PRÄVENTIONSMÖGLICHKEITEN

kontinuierlich und bleibt auf dem erhöhten Level, was schließlich zu einer Dauerbelastung führt.

Körperliche Leistungssteigerung – bis hin zur Schwächung
Bei Stress werden Sauerstoff und Nährstoffe vermehrt in die Skelettmuskulatur geleitet. Diese Muskulatur ist für willkürliche, aktive Körperbewegungen zuständig. Wenn der Organismus kämpfen muss, muss die Skelettmuskulatur in Höchstform sein. Darüber hinaus steigt der Blutdruck, um die Muskeln optimal mit Blut zu versorgen. Die Blutgefäße erweitern sich, um den Bluttransport zu beschleunigen. Die Atmung wird intensiviert, um den erhöhten Sauerstoffbedarf zu decken. Fettsäuren und Glukose werden freigesetzt, um den Nährstoffbedarf zu decken. Bestimmte Prozesse des Körpers müssen hingegen verlangsamt werden, um nicht zu viel Energie zu verschwenden und die erhöhte Leistungsbereitschaft des Körpers aufrechtzuerhalten. So kommt es bei Stress zu einer Entspannung der Darmmuskulatur und einer Verdauungshemmung. Die Milz und die Lymphknoten reduzieren die Antikörperbildung, weil die dafür notwendige Energie an anderer Stelle benötigt wird. In akuten Stresssituationen ist dies sinnvoll. Bleibt das Stresslevel aber auf gleicher Höhe, obwohl keine akute Gefahr besteht, wird der Körper langfristig aus seinem Gleichgewicht gebracht.

Weitere Stressreaktionen im Körper sind eine Verringerung von Magenbewegungen, die Hemmung der Funktionen der Geschlechtsorgane, die Erweiterung der Bronchien, eine Pupillenerweiterung und die Aktivierung des Nebennierenmarks zur Ausschüttung von Adrenalin. Adrenalin und Noradrenalin bewirken eine höhere Kontraktionsfähigkeit des Herzmuskels, eine Förderung des Glykogenabbaus in der Leber und in den Muskeln, die Mobilisierung von Fettsäuren, die Unterdrückung der Insulinausschüttung und die Verengung von Blutgefäßen der

3.9 STRESSREDUKTION

Eingeweide. Die körperlichen Reaktionen sind äußerst umfassend und beeinflussen den gesamten Körper.

Der Geist – langfristige Auswirkungen
Um eine schnelle Anpassungsreaktion zu ermöglichen, wird die Wahrnehmung einer Person bei akuter Gefahr auf ebenjene Situation beschränkt. Es kommt zur Einschränkung von kognitiven Prozessen, die in diesem Moment nicht so sehr benötigt werden. Dies kann bei lang anhaltendem Stress allerdings zu Verwirrung, Konzentrationsstörungen, Vergesslichkeit oder gar Halluzinationen führen. Außerdem werden emotionale Prozesse eingeschränkt. In einer Stresssituation gibt es nicht selten einen Schock-Moment, gefolgt von angstvollen Gefühlen bis hin zur Panik. Langfristig kann Stress aber auch zu Traurigkeit, Angststörungen, Hoffnungslosigkeit, Lethargie, Stumpfsinn, Ärger, Schuld-, Verlassenheits- oder Entbehrungsgefühlen führen. Dies wirkt sich unmittelbar auf das Verhalten der Betroffenen aus. Schlafstörungen, Appetitlosigkeit, Geistesabwesenheit, sozialer Rückzug, scheinbar grundloses Weinen, Aufregung oder innere Unruhe können die Folge sein.

Hypostress und Hyperstress
Die Auswirkungen von Stress sind vor allem dann als langfristige Folgen einzustufen, wenn Hypo- oder Hyperstress vorliegen. Hypostress entsteht durch eine ständige Unterforderung des Menschen. Hyperstress entsteht durch ein Übermaß an Stress und mangelnde Anpassungsfähigkeiten des Körpers. Diese beiden Stressformen sind in der modernen Welt maßgeblich an den Stresssymptomen beteiligt. Es gibt heutzutage im Alltag nur noch selten wirklich akute Gefahrensituationen, die unmittelbare Stressreaktionen hervorrufen. Stattdessen ist Stress zu einem Dauersyndrom der modernen Lebensweise geworden. Die Menschen können immer weniger abschalten. Dem Körper gelingt es

3. BEHANDLUNGS- & PRÄVENTIONSMÖGLICHKEITEN

nicht, einen normalen Rhythmus zu finden. Beruflicher Druck, Informationsfluten, Orientierungslosigkeit, scheinbar unendlich viele Wahlmöglichkeiten – all das wirkt sich auf den Körper negativ aus, der das mit einer Stressreaktion zu bewältigen versucht. Doch die natürliche Stressreaktion ist nicht für diese Formen moderner »Bedrohungen« ausgelegt, sodass der Körper die Drucksituationen nicht überstehen kann. Er bleibt dauerhaft gestresst, da die Gefühle von Überforderung, Einengung oder Angst allgegenwärtig zu sein scheinen. So führen Hypo- und Hyperstress zum Burn-out bzw. zum Bore-out (von Englisch »boring« – langweilig).

Burn-out und Bore-out

Sodbrennen und Stress können sich unmittelbar beeinflussen. Wer einen Reizmagen oder Reizdarm hat, kann dies genauso bestätigen wie jemand, der unter Sodbrennen dermaßen leidet, dass er sich mit dem Symptom völlig überfordert fühlt. Überforderung tritt bei langanhaltendem negativen Stress auf und mündet im Burn-out-Syndrom. Beim Burn-out handelt es sich um einen Zustand der totalen Erschöpfung. Die Betroffenen fühlen sich nicht nur im wahrsten Sinne des Wortes ausgebrannt, sondern verfügen auch über eine reduzierte psychische wie physische Leistungsfähigkeit. Zu den häufigsten Symptomen des Burn-outs gehören Magen-Darm-Beschwerden wie das Sodbrennen. Und tatsächlich »brennt« es beim Burn-out auf zweierlei Weisen: Es brennt an der Seele in Form von übermäßigem Stress und es brennt in Form von Sodbrennen im oberen Verdauungssystem. Doch Magen-Darm-Störungen können auch auf das Gegenteil des Burn-outs hinweisen, auf das Bore-out-Syndrom. Während Burn-out durch eine Überforderung entsteht, ist Bore-out das Ergebnis einer langfristigen Unterforderung. Beide Syndrome stehen im Zusammenhang mit einer Fülle an körperlichen Symptomen, die ziemlich unspezifisch sind und unbedingt im Zusam-

3.9 STRESSREDUKTION

menhang mit mentalen und emotionalen Symptomen gedeutet werden müssen, um zu einer richtigen Diagnose zu kommen.

Burn-out: ein Flächenbrand der Moderne
Burn-out wird oft mit einem druckbelasteten Arbeitsalltag verbunden. Die Betroffenen starten meist mit einer idealistischen Begeisterung und verwenden eine Menge ihrer Ressourcen darauf, entweder eigene hohe Erwartungen oder die eines anderen zu erfüllen. So stürzen sie über die anfängliche Begeisterung in eine Reihe frustrierender Erlebnisse und landen schließlich in einer desillusionierten Welt voller Ernüchterung. Dieser mentale Sturz führt zu Apathie, Depressionen, Aggressivität oder psychosomatischen Störungen. Burn-out gilt daher nicht als Krankheit im engeren Sinn, sondern als Ursache für verschiedene Störungsmuster. In der ICD-10-Klassifikation gilt Burn-out als Problem der Lebensbewältigung. Das beinhaltet, dass Burn-out nicht nur ein Problem in der Berufswelt ist, sondern auch in anderen Lebensbereichen entstehen kann. Überall dort, wo es zu chronischen Überbelastungen kommt, weil vorhandener Stress nicht bewältigt wird, kommt es zu emotionaler Erschöpfung, zu völligem Energieverschleiß.

Die chronischen Stressoren bedingen ein ständiges Gefühl der Hilflosigkeit und Ohnmacht. Die Betroffenen haben eine geringe Selbstwirksamkeitserwartung. Sie sehen sämtliche Bemühungen als sinnlos an und erleben immer wieder Misserfolge. Die Diskrepanz zwischen hohen Anforderungen einerseits und nicht ausreichenden Leistungen zur Anforderungserfüllung andererseits erfahren vor allem Menschen, die im Beruf viel mit Menschen zu tun haben, denn sie sehen sich oftmals vielen verschiedenen Erwartungen ausgesetzt, die nicht alle realisierbar sind. Sozialarbeiter, Lehrer, Erzieher, Betreuer, Anwälte, Psychologen, aber auch Manager und Politiker neigen besonders zum »Ausbrennen« als Folge einer unerträglichen Wirklichkeit.

3. BEHANDLUNGS- & PRÄVENTIONSMÖGLICHKEITEN

Weil die Symptome für Burn-out äußerst vielseitig sind und unter Umständen auf eine ernste psychische Erkrankung hinweisen, muss ein Arzt den physischen und psychischen Zustand des Betroffenen beurteilen. Im Zweifelsfall kann auch ein Psychotherapeut hinzugenommen werden. Es gibt zwar einige anonyme Tests im Internet[20], die man selbst machen kann, aber diese zeigen lediglich eine Tendenz an und können eine ärztliche Diagnose nicht ersetzen. Sollten Sie das Gefühl haben, einem Burn-out-Syndrom zu erliegen, konsultieren Sie Ihren Hausarzt oder zusätzlich einen Psychologen, um Ihren Zustand zu beurteilen. Gefühle der inneren Leere, Erschöpfung oder Perspektivlosigkeit können bei jedem phasenweise auftreten. Sollte es sich jedoch um chronische Zustände handeln, ist ein Arztbesuch dringend anzuraten, denn Burn-out kann im schlimmsten Fall zu Suizid führen. Die psychosomatischen Begleiterkrankungen, zu denen auch das Sodbrennen zählt, sollten bei der Behandlung nicht für sich allein therapiert werden, sondern stets unter Einbezug der psychischen Verfassung und den Umständen der aktuellen Lebenswelt des Betroffenen.

Bore-out: wenn Langeweile krank macht
Die Autoren Philippe Rothlin und Peter Werder haben 2007 ein Buch mit dem Titel »Diagnose Boreout« publiziert. In Anlehnung an den Burn-out-Begriff haben sie eine Theorie entwickelt, in der sie Zustände der Unzufriedenheit am Arbeitsplatz mit Langeweile zusammenführen. Während Burn-out zu völligem Energieverschleiß führt, ist Bore-out ein Zustand aufgestauter bzw. fehlgeleiteter Energie. Wenn Sie im Beruf immer wieder für Arbeiten eingesetzt werden, für die Sie keine Motivation aufbringen können, entwickeln sich negative Gefühle der Ablehnung

---

20 Gibt man im Internet »Burn out Test« in das Suchfeld einer Suchmaschine wie Google ein, erscheinen zahlreiche Links zu anonymen Tests, doch diese können lediglich Anhaltspunkte für Ihre Verfassung liefern.

3.9 STRESSREDUKTION

und Resignation. Sie gehen in Ihrem Beruf nicht so auf, wie Sie wollen, und auch Ihr Wesen kann nicht aufblühen. Die ständige Unterforderung kann das Ergebnis Ihrer Berufswahl oder der herrschenden Arbeitsumstände sein. Besonders dann, wenn Sie einem Beruf nur nachgehen, weil Sie sich von der Tätigkeit Geld versprechen, leidet Ihre Motivation und es kann zu Unterforderungssymptomen kommen. Dazu gehören ähnliche Phänomene wie bei der Überforderung: Müdigkeit, Gereiztheit, übermäßiges Stressempfinden, Frustration, Lustlosigkeit und letztlich eine ernstliche Depression.

Bore-out wird – anders als Burn-out – von der derzeitigen Wissenschaft nicht anerkannt. Es gibt Stimmen, die Philippe Rothlin und Peter Werder vorwerfen, etwas an sich Normales zu einem Krankheitsbild zu stilisieren. Dass es im Beruf immer wieder zu Phasen der Langeweile oder Unterforderung komme, sei vollkommen normal und müsse nicht als pathologisch bezeichnet werden. Dennoch stieß der Begriff in der öffentlichen Rezeption auf Interesse. Wer von Unterforderung betroffen ist, harrt in aller Regel für längere Zeit im Gefühl der Unzufriedenheit aus. Dabei kann sich aus Langeweile Verzweiflung entwickeln, weil man nicht weiß, was man tun könnte, um diesen Zustand zu ändern, und welche Aufgabe man eigentlich hat. Das beeinflusst auch das Selbstbild. Die Identifikation mit dem Beruf bleibt aus und das Arbeitsumfeld wird gleichgültig wahrgenommen.

Dass solche Mangelzustände nicht nur im Berufsleben negative Konsequenzen herbeiführen können, hat bereits 1933 eine Studie mit Arbeitslosen in Österreich gezeigt. Damals ging die Forschung davon aus, dass Langzeitarbeitslosigkeit bei den Betroffenen eine Revolte auslösen würde. Doch die soziologische Untersuchung zeigte, dass das Fehlen von Beruf und Tätigkeit zu Resignation und Selbstaufgabe geführt hat. Und so ist es auch heute noch: Langeweile und Untätigkeit führen zum Bore-out. Unterforderung und das Gefühl, nicht ausgelastet

3. BEHANDLUNGS- & PRÄVENTIONSMÖGLICHKEITEN

und unnütz zu sein, tragen wesentlich zu den dramatischen Zuständen in der modernen Arbeitswelt bei. Schließlich verdienen nur diejenigen Anerkennung, die sich für ihren Beruf aufopfern, Überstunden machen und bereitwillig Stress auf sich nehmen, sprich: die Personen, die den Burn-out riskieren. Wer Langeweile oder Unterforderung zugibt, gibt sich den Anschein des Überflüssig-Seins. Es ist sozial nicht anerkannt, am Arbeitsplatz Langeweile oder Desinteresse zu zeigen. So werden Lösungsstrategien, die die Situation verbessern könnten, nicht angewendet, denn dem müsste schließlich ein Eingeständnis der Langeweile vorausgehen.

Stress abbauen – gesünder leben

Es gibt verschiedene Präventions- und Therapieprogramme für Burn-out-Betroffene. Für Bore-out-Betroffene sind die Angebote noch relativ überschaubar, weil dieses Phänomen noch diskutiert wird. Was jedoch für Burn-out und Bore-out gleichermaßen zutrifft, ist die Tatsache, dass Prävention immer besser ist, als später eine Krankheit zu therapieren. Solange Sie die Möglichkeit haben, sich selbst zu helfen, sollten Sie dies tun. Dazu gehört auch, auf Ihren Körper zu achten. Dieser sendet Ihnen Signale, die Ihnen helfen können, Ihren aktuellen Lebensentwurf zu reflektieren.

Sodbrennen als psychosomatischer Hinweis

Wenn Sie unter Sodbrennen leiden, setzen Sie es in den Kontext Ihres Lebens. Stößt Ihnen etwas sauer auf? Haben Sie Probleme, mit denen Sie sich überfordert fühlen? Können Sie etwas nicht verdauen? Suchen Sie nach weiteren Körperhinweisen, die typisch für Stressreaktionen sind. Wie steht es um Ihre Befindlichkeiten? Sind Sie ausgeglichen oder neigen Sie zu aggressiven Gefühlen oder Verhaltensweisen?

3.9 STRESSREDUKTION

Wo kommt der Stress her?
Wenn Sie spüren, dass Sie unter Dauerstress stehen, gilt es, die Stressoren ausfindig zu machen. Danach können Sie überlegen, ob Sie die Stressoren aus Ihrem Leben verbannen oder ob Sie mit ihnen einfach anders umgehen und so den Stress reduzieren möchten. Nicht immer lassen sich äußere Umstände verändern. Manchmal müssen sie für eine gewisse Zeit akzeptiert werden. Auch das gehört zu einem effektiven Stressmanagement: die eigenen Grenzen anerkennen und die Handlungen entsprechend ausrichten. Wenn Sie beispielsweise häufig Stress am Arbeitsplatz haben und spüren, dass er Ihnen nicht gut tut, können Sie entweder die Entscheidung fällen, die Arbeitsstelle zu kündigen und so die druckbehaftete Situation zu verlassen. Sie können aber auch innerhalb der Situation agieren und zum Beispiel zusammen mit Ihrem Chef oder den Arbeitskollegen über Maßnahmen zur Verbesserung des Arbeitsklimas sprechen. Was möglich ist, hängt vom Einzelfall ab und davon, ob die Betroffenen ihre Stressoren erkennen. Eine dritte Möglichkeit besteht darin, die eigenen Einstellungen und Erwartungen so zu verändern, dass sie zu den beruflichen Bedingungen passen und nicht unrealistisch hoch sind.

Stressreaktionen verändern
In akuten Stressmomenten reagiert Ihr Körper weitgehend unabhängig von Ihrem Bewusstsein. Bei chronischen Stresszuständen haben Sie dagegen mehr Einfluss auf das Geschehen und können Ihre Reaktionen auf die Stressoren verändern. Oftmals verhalten wir uns nach bestimmten Mustern, die bei der Wahrnehmung bestimmter Reize immer wieder abgespult werden. Diese Verhaltensmuster sind, wenn Sie für Körper und Geist schädlich sind, wie das permanente Aufkratzen einer Wunde. Es kann so zu keiner Wundheilung kommen. Um die Wunde heilen zu lassen, ist es vielmehr wichtig, das Verhalten zu ändern und nicht mehr

3. BEHANDLUNGS- & PRÄVENTIONSMÖGLICHKEITEN

an ihr zu kratzen. So ist es auch beim Stress: Wenn Sie merken, dass Sie in bestimmten stressigen Situationen immer wieder mit Hilflosigkeit oder Frustration reagieren, dann verlassen Sie schnellstmöglich diese Situationen und nutzen Sie Strategien zur Verhaltensänderung. NLP (Neuro-Linguistisches Programmieren), Autogenes Training oder Selbst-Hypnose beispielsweise sind drei Möglichkeiten unter vielen anderen, um selbstständig Verhaltensweisen oder Glaubenssätze zu verändern.

Auch wenn Burn-out oder Bore-out bzw. Stress im Allgemeinen nicht immer zu Sodbrennen führen muss, so kann Sodbrennen dennoch ein Hinweis auf zu viel Stress im Leben sein. Je mehr Sie sich über Stress und seine Folgen informieren, desto besser können Sie einschätzen, wie sehr stressige Momente Ihr Leben und damit Ihre Gesundheit beeinflussen. Nehmen Sie daher Sodbrennen und andere scheinbar harmlose Beschwerden ernst genug, um Ihr Leben zu reflektieren. Wenn Sie Stress langfristig reduzieren möchten, kommen Sie nicht umhin, Ihr Verhalten und Denken umzustellen sowie Stressoren aus Ihrem Leben zu beseitigen. Um stressige Momente aber erst einmal zu überstehen und mehr Gelassenheit zu kultivieren, was wiederum 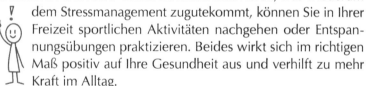 dem Stressmanagement zugutekommt, können Sie in Ihrer Freizeit sportlichen Aktivitäten nachgehen oder Entspannungsübungen praktizieren. Beides wirkt sich im richtigen Maß positiv auf Ihre Gesundheit aus und verhilft zu mehr Kraft im Alltag.

3.10 Sport und Entspannung

Gegen Stress, Anspannung oder psychosomatische Beschwerden sind Sport und aktive Entspannung einfache Möglichkeiten der Linderung. Allerdings treten die positiven Wirkungen nicht unabhängig von Ihrer Motivation ein. Je mehr Freude und Antrieb Sie für eine Sportart oder für Entspannungsübungen haben, desto

3.10 SPORT UND ENTSPANNUNG

besser werden die Effekte sein. Wenn Sie sich jedes Mal zum Sport drängen müssen, überhaupt keine Lust auf Bewegung haben und auch das Vereinsleben oder Fitnessstudios nicht mögen, setzen Sie sich unnötigen Stressmomenten aus. Nehmen Sie sich daher die Zeit, in Ruhe zu überlegen und zu testen, was für Sie gut ist und was nicht. Machen Sie das, was Ihnen am meisten Spaß bereitet, unabhängig von möglichen Effekten. Es geht nicht um das Erreichen von Zielen, sondern um die Freude an der Aktivität selbst. Viele betreiben Sport, um bestimmte körperliche Effekte zu erzielen, wie zum Beispiel Gewichtsreduktion oder Konditionsverbesserung. Das kann ein Antrieb für Sport sein – ohne Frage! Es kann aber auch ermüdend sein, einem bestimmten Ideal nachzujagen. Langfristig effektiver ist das Entdecken einer echten Freude an Bewegung. Dann laufen Sie nicht, weil Sie abnehmen wollen, sondern weil Ihnen das Laufen Spaß macht. Das Abnehmen ist dann ein angenehmer Nebeneffekt Ihrer Sportpraxis, aber nicht der Hauptzweck, den Sie zu erreichen wünschen. Dasselbe gilt für die Entspannungsübungen. Sie sollten Freude an Übungen der Ruhe, Einkehr und Besinnlichkeit haben und sie nicht nur praktizieren, um endlich mal abschalten zu können. Das würde Sie nur unnötig unter Druck setzen und die Prinzipien der Entspannungsübungen unterlaufen.

Entspannung gegen Stress und Raubbau am Körper

Je höher Ihr Stresslevel ist, desto mehr Ressourcen müssen Sie verbrauchen, um auf diesem Level ein weitgehend normales Leben führen zu können. Die Normalität ist dann von Erschöpfung, Gereiztheit, Niedergeschlagenheit, Verzweiflung oder psychischen bzw. psychosomatischen Störungen gekennzeichnet. Kein angenehmer Zustand, um ihn als Normalität zu belassen. Sollten Sie neben Sodbrennen unter den »normalen« Erschöpfungszuständen leiden, wird es Zeit, Ihre Energiereserven zu füllen. Dazu können Sie fasten, die Ernährung anpassen, Ihr Verhalten und

3. BEHANDLUNGS- & PRÄVENTIONSMÖGLICHKEITEN

Ihre Denkweisen ändern oder Sport und aktive Entspannung betreiben.

Entspannung für das innere Gleichgewicht
Formen bewusster Entspannung sind in der modernen Lebenswelt immer notwendiger geworden, weil der Mensch schneller zu An- und Verspannungen neigt als zu Entspannung. Je mehr Druck Sie verspüren, desto angespannter werden Ihr Körper und Geist. Die meisten spüren muskuläre Verspannungen im Schulter-Nacken-Bereich, aber auch Rückenschmerzen und Kopfschmerzen sind Hinweise darauf, dass der Körper verspannt ist und die Betroffenen nicht in der Lage sind, diese Spannungen aufzulösen. Dafür gibt es zwei Erklärungen: Entweder sie können die Spannungen nicht lösen, weil sie gar nicht merken, dass sie verspannt sind, oder sie wissen nicht, wie Muskelverspannungen aufgelöst werden können. Die zweite Möglichkeit ist weniger schlimm als die erste, denn solange die Betroffenen wissen, was ihnen fehlt, können sie sich auf die Suche nach Hilfe machen. Jemand, der nicht weiß, was in seinem Körper los ist, weiß auch nicht, wohin er sich wenden muss. Der Druck im Beruf, die Hektik im Alltag und die eigene Gedankenwelt lassen nicht viel Raum, um den eigenen Körper wahrzunehmen.

Bewusster werden und loslassen
Mit den Entspannungsübungen werden zwei Ziele verfolgt, die zugleich die Grundprinzipien der Übungen sind: Zum einen soll ein tieferes Körperbewusstsein entwickelt, zum anderen sollen psychische und physische Anspannungen gelöst werden. Das eine geht nur mit dem anderen. Je besser Sie in Ihren Körper »hineinschauen« können, desto besser können Sie Blockaden finden und diese auflösen. Bei den meisten Entspannungsmethoden wird auf die Vorstellungskraft gesetzt. Das heißt, Sie reisen mit Ihrer Vorstellungskraft in den Körper, um ihn so zu erkunden. Als Nächstes visualisieren Sie beruhigende und entspannende

3.10 SPORT UND ENTSPANNUNG

Bilder, die zur körperlichen und psychischen Entspannung beitragen bzw. diese bereits auslösen. Wenn Sie zum Beispiel Ihren Schulterbereich lösen möchten, können Sie sich vorstellen, wie Eisberge unter der Einwirkung der Sonne schmelzen und das Wasser abfließt. Versuchen Sie so intensiv wie möglich, diesen Schmelzvorgang an Ihren Schultern zu spüren. Je besser Sie entspannen können, desto besser können Sie Ihren Körper erkunden und den Stoffwechsel optimieren, der sich wiederum auf den Säurehaushalt und das Sodbrennen auswirkt.

Entspannungsübungen für jedermann
Es gibt eine Fülle an Entspannungssystemen und Einzelübungen. Die bekanntesten sind Yoga, Tai-Chi, Autogenes Training, Selbst-Hypnose, progressive Muskelentspannung, Meditation, Qigong oder Biofeedback. Einige entstammen einer alten spirituellen Tradition, andere sind neue Formen, die zu therapeutischen Zwecken entwickelt wurden. Je nach Vorliebe und Motivation können Sie sich ganz auf ein System konzentrieren oder Übungen aus den unterschiedlichen Systemen zusammenführen. Auch wenn sich die Ansätze teilweise unterscheiden, gibt es viele Gemeinsamkeiten.

Die Vorbereitung
Bevor Sie mit den eigentlichen Entspannungsübungen beginnen, sollten Sie einige Vorübungen machen, um ein Gespür für die Wirkungen zu bekommen. Diese Übungen sind auch Entspannungsübungen, geben Ihnen aber stärker als andere Übungen die Möglichkeit, in aller Ruhe zu experimentieren.

Eine einfache und effektive Vorübung funktioniert wie folgt: Setzen Sie sich bequem im Schneidersitz auf den Boden. Legen Sie Ihre Arme auf den Oberschenkeln ab und formen Sie mit Ihren Händen eine Schale, indem Sie die linke Hand in die rechte legen.

3. BEHANDLUNGS- & PRÄVENTIONSMÖGLICHKEITEN

Der linke Handrücken liegt nun auf der rechten Handfläche. Die Daumen berühren sich an den Spitzen. Schließen Sie Ihre Augen und nehmen Sie eine aufrechte Körperhaltung ein. Drücken Sie Ihren Rücken nicht durch. Am besten sitzen Sie aufrecht, aber nicht verkrampft. Als Hilfestellung können Sie sich vorstellen, dass am Scheitelpunkt Ihres Kopfes ein Faden befestigt ist, der nach oben führt. Nun wird dieser Faden langgezogen und als Folge richten sich Ihr Kopf, Hals und Rücken nach oben hin aus. Zählen Sie als Nächstes langsam von zehn bis null herunter und atmen Sie bei jeder Zahl lang und tief ein und aus. Bleiben Sie in der Position und atmen Sie weiterhin langsam und ruhig. Richten Sie Ihren Fokus auf die Atmung. Spüren Sie, wie sich beim Einatmen die Lungen mit Luft füllen und wie alles sich wieder löst, wenn Sie ausatmen. Richten Sie als nächstes Ihre Aufmerksamkeit auf Ihren Kopf. Halten Sie diesen noch aufrecht? Wie fühlt sich Ihr Nacken an? Schieben Sie den Kopf vielleicht unnatürlich weit nach vorne? Ist er zu stark angehoben? Klären Sie diese Fragen von innen heraus, also nur mit Ihrem Bewusstsein. Lassen Sie Ihre Augen geschlossen. So entwickeln Sie ein Körperbewusstsein, das unabhängig von den äußeren Sinnesreizen ist.

Überprüfen Sie als Nächstes Ihren Schulter-Nacken-Bereich. Ist er verspannt? Spüren Sie Druck? Ziehen Sie eine Schulter höher als die andere? Drücken Sie vielleicht die Schultern unnatürlich weit nach hinten? Oder lassen Sie sie zu sehr nach vorne fallen? Nutzen Sie zur Feststellung dessen nur Ihr Bewusstsein! Konzentrieren Sie sich auf diesen Bereich. Sie können sich auch vorstellen, wie Sie Ihre Schulten und den Nacken mit einer Taschenlampe nach Blockaden absuchen. Lassen Sie Ihrer Vorstellungskraft freien Lauf. Die blockierten Stellen werden sich zu erkennen geben.

Als Letztes ist Ihr Rücken dran: Stellen Sie sich vor, wie eine aus dem Becken strömende Energie an der Wirbelsäule nach oben in den Himmel steigt. Fahren Sie mit Ihrer Aufmerksamkeit an der Wirbelsäule von unten nach oben entlang und spüren Sie mögliche Spannungen oder Fehlbelastungen auf. Konzentrieren

3.10 SPORT UND ENTSPANNUNG

Sie sich danach wieder auf den Atem, zählen Sie von zehn bis null herunter und finden in Ihr Alltagsbewusstsein zurück.

Visualisierungen zur körperlichen Entspannung
Sie können Ihren Körper jederzeit nach Verspannungen »röntgen«. Am Anfang können Sie dafür Visualisierungen nutzen, zum Beispiel die oben erwähnte Taschenlampe. Sie können aber auch in bestimmte Körperbereiche hineinspüren, um Verspannungen ausfindig zu machen. Damit sich die entdeckten Spannungen lösen, müssen Sie keine besondere Sportart beherrschen. Es reicht, wenn Sie sich bestimmte Bilder vor Ihr inneres Auge führen, mit denen Sie Ihrem Körper Entspannung signalisieren können. Suchen Sie sich Bilder heraus, die Sie selbst mit Entspannung assoziieren und mit denen Sie gute Erfahrungen gemacht haben. Experimentieren Sie und denken Sie sich eigene Bilder aus! Eine einfache Vorstellung besteht in der Visualisierung von vielen kleinen senkrechten Strichen in und an Ihrem Körper. Diese Striche beugen sich der Schwerkraft und fallen nach unten. Je besser Sie entspannen können, desto mehr verlagert sich Ihr Körperschwerpunkt nach unten. Die visualisierten Striche geben also eine ganz natürliche Richtung vor. Stellen Sie sich vor, wie an und in Ihrem Körper alle Striche wie bei einem Dauerregen nach unten fallen.

Für den Schulter-Nacken-Bereich können Sie sich das Schmelzen von Eisbergen vorstellen. Lassen Sie in Ihrer Vorstellungswelt das geschmolzene Wasser an Ihren Armen zu den Händen, über die Finger zu den Fingerkuppen und schließlich zum Boden fließen. Bei Schmerzen oder Verspannungen im Bereich des unteren Rückens können Sie die Fernglas-Visualisierung anwenden. Stellen Sie sich vor, Sie sind auf einem Schiff und sehen durch ein Fernglas hinüber zu einer Insel. Auf dieser befindet sich ein Berg mit einer Höhle. Diese Höhle beobachten Sie durch das Fernglas und sehen, wie der Höhleneingang sich immer stärker ausdehnt. Eine kleine Öffnung wird so immer größer. Spüren Sie bei der Vorstellung in Ihre Stelle

3. BEHANDLUNGS- & PRÄVENTIONSMÖGLICHKEITEN

am Rücken hinein und fühlen Sie, wie auch diese Verengung gedehnt wird.

Visualisierungen zur psychischen Entspannung
Die Entspannungsübungen zur Beruhigung der Gedanken- und Gefühlswelt laufen nach einem ähnlichen Muster ab. Die körperliche Entspannung ist dabei die Grundlage für die mentale Entspannung. Hier können Ihnen ebenfalls Visualisierungen helfen. Diese wirken unmittelbar, was sie zu einer Art »Allzweckwerkzeug« macht. Erinnern Sie sich an Ihren letzten Urlaub, das letzte gemütliche Schaumbad oder an einen wunderschönen Tag mitten in der Natur? Wenn ja, dürften Sie bereits gemerkt haben, wie beruhigend diese Erinnerungsbilder wirken können.

Nun müssen Sie nicht erst etwas selbst erlebt haben, um später aus der Erinnerung die entspannenden Bilder hervorholen zu können. Nutzen Sie einfach Ihre Vorstellungskraft! Sie können nach der Vorübung im Schneidersitz sitzen bleiben und sich Ihren Lieblingsort vorstellen. Der kann ganz aus Ihrer Fantasie entstanden sein. Wichtig ist nur, dass es sich um einen Rückzugsort handelt, an dem Sie entspannen können. Gehen Sie beispielsweise in Ihrer Vorstellung an einem Fluss spazieren und beobachten Sie das gleichmäßige Fließen des Wassers.

Eine andere Visualisierung ist der Rückzug in eine Höhle oder das Ausruhen auf einer Lichtung im Wald. Ganz gleich, was Sie sich vorstellen: Um den größtmöglichen Nutzen aus der Übung zu ziehen, müssen Sie vollkommen in die Vorstellung eintauchen. Je echter sich Ihre visualisierte Situation anfühlt, desto besser ist die Entspannungswirkung. Das gelingt Ihnen durch regelmäßiges Üben und durch das sinnliche Erfahren Ihrer Vorstellungswelt: Berühren Sie das Wasser des Flusses, umarmen Sie die Bäume im Wald oder setzen Sie sich auf den harten Boden der Berghöhle. Wichtig ist die Präsenz Ihres Bewusstseins. Diese können Sie mit einer anderen Visualisierung einüben:

3.10 SPORT UND ENTSPANNUNG

Konzentrieren Sie sich im Schneidersitz auf Ihren Unterbauch. Stellen Sie sich eine Kugel vor, die sich unterhalb des Nabels im Körperinneren befindet. Sie dehnt sich beim Einatmen aus und zieht sich beim Ausatmen zusammen. Bringen Sie Ihre Atmung so mit Körper und Geist in Einklang, um eine tiefere Präsenz für den Augenblick zu erhalten. Dies wirkt physisch wie psychisch entspannend und vitalisierend.

Gesunder Sport

Sportliche Aktivitäten erfordern mehr Bewegung als die Entspannungsübungen. Hier wird die Entspannung und Vitalisierung nicht in Ruhe und Innerlichkeit gesucht, sondern in ertüchtigenden Übungen und erzielten Leistungen. Die Verbesserung der körperlichen Fitness oder das Hinarbeiten auf ein sportliches Ziel ist eine gute Motivation und später dann auch das Ergebnis der Bemühungen. Darüber hinaus kann sportliche Aktivität den täglichen Verschleißerscheinungen vorbeugen und so auch bei Magen-Darm-Beschwerden helfen. Durch die vielen sitzenden Tätigkeiten, denen der moderne Mensch nachgeht, liegt ein chronischer Bewegungsmangel vor. Hinzu kommen Stress und eine ungesunde Ernährung. Diese Dinge wirken sich auf den Darm besonders fatal aus. Er wird träge und kann nicht mehr effektiv verdauen. Die Folgen sind Verstopfung, Bauchdrücken und ein ständiges Unbehagen. Doch auch Sodbrennen kann eine Folge von Bewegungsmangel sein. Sicher handelt es sich dabei nicht um eine Einzelursache, aber Bewegungsmangel steht oftmals in Zusammenhang mit Stress und ungesunder Ernährung. Wer regelmäßig Sport treibt, fördert sein Kreislaufsystem, sein Verdauungssystem und letztlich den gesamten Stoffwechsel. Sport, sofern er nicht übertrieben wird, kann sogar präventiv gegen Dickdarmkrebs wirken. Doch Achtung: Sport kann auch zu Sodbrennen führen!

3. BEHANDLUNGS- & PRÄVENTIONSMÖGLICHKEITEN

Warum nicht jeder Sport gesund ist

Es besteht ein signifikant hoher Zusammenhang zwischen Laufsportarten und Magen-Darm-Störungen. Vor allem der Dauerlauf gilt in dieser Hinsicht als eine besonders risikoreiche Sportart. Forscher der Londoner Gastro-Intestinal Science Research Unit am St. Bartholomew Hospital stellten fest, dass Sportler allgemein zu Bauch- oder Brustschmerzen neigen.[21] Dabei können die Brustschmerzen entweder herzbedingt sein oder durch GERD ausgelöst werden. Die Forscher haben bei normal gesunden Joggern und Ruderern feststellen können, dass sich der Reflux enorm verstärkt, wenn die Sportler einen gefüllten Magen haben.[22] Dasselbe gilt auch für leichte Mahlzeiten. Ruderer und Jogger neigen stärker zu Sodbrennen als die Vergleichssportler ohne Magenfüllung. Auch Radfahren kann sich negativ auf das Refluxrisiko auswirken. Während hier Symptome im oberen Verdauungstrakt auftreten, kommt es zum Beispiel bei Langstreckenläufen oftmals zu Symptomen im unteren Verdauungstrakt. Die Konsequenz aus diesen Erkenntnissen ist: Wer einer Ausdauersportart nachgeht, bei der er viel läuft, springt oder andere Formen kraftvoller Beinbewegungen ausführt, kann das Risiko für Sodbrennen bzw. Reflux erhöhen. Heißt das nun, dass Sie keinen Ausdauersport treiben sollen? Nein, natürlich heißt es das nicht! Es heißt lediglich, dass Sie beim Sport genau darauf achten müssen, was die Bewegung in Ihnen auslöst. Wenn Sie spüren, dass Sodbrennen auftritt, reduzieren Sie die Intensität Ihrer Bewegungen, bis Sie kein Sodbrennen mehr haben. Alternativ können Sie auch säurehemmende Medikamente einnehmen, doch damit ist Ihnen langfristig nicht geholfen – schon gar nicht, wenn Sie Sport gegen Sodbrennen treiben möchten.

---

21 Yazaki et al. 1996, www.ncbi.nlm.nih.gov, Link im Quellenverzeichnis.
22 o. A. (o. J.), www.sodbrennen-welt.de, Link im Quellenverzeichnis.

3.10 SPORT UND ENTSPANNUNG

Finden Sie die richtige Sportart
Wenn Sie Sodbrennen, Stress oder Verspannungen mithilfe des Sports lindern möchten bzw. allgemein eine Freude an sportlicher Aktivität haben, sollten Sie sich ausreichend Zeit nehmen, um die passende Sportart für sich zu finden. Probieren Sie allerlei Sportarten aus, um Ihre persönlichen Vorlieben zu entdecken. Vielleicht sagen Ihnen Mannschaftssportarten mehr zu als Einzelsportarten. Vielleicht haben Sie ein Interesse an Wettkampfsport und möchten sich mit anderen messen. Achten Sie auf jeden Fall auf Ihren Körper, während Sie sich bewegen. Sollte während des Sports Sodbrennen auftreten, reduzieren Sie Ihr Anstrengungslevel oder unterbrechen Sie das Training. Suchen Sie dann nach Alternativen zu dieser Sportart. Sie können auch kleine Sportübungen zu Hause oder im Park ausführen. Es gibt in vielen größeren Städten Trimm-dich-Pfade oder frei zugängliche Sportgeräte. Seit einiger Zeit ist das Joggen als Freizeitsport sehr beliebt. Doch hierbei besteht nicht nur eine höhere Refluxgefahr, sondern auch ein Verschleißrisiko für den Bewegungsapparat. In Fitnessstudios können Sie an Kraftgeräten üben. Hier kommt es auf Ihren Muskeltonus an, ob die Übungen positive oder negative Wirkungen zeigen. Wenn Sie zu viel Muskelspannung aufbauen und diese zu lange aufrechterhalten, vergrößert sich das Risiko einer Muskelhypertonie. Diese kann in einem Krampf münden. Statt zu entspannen, hätten Sie sich so eine ungesunde Verspannung zugezogen.

Einfache und entspannende Sportarten bevorzugen
Wenn Sie bereits unter bestimmten Symptomen wie Sodbrennen leiden, sollten Sie sich auf Sportarten konzentrieren, die Ihnen nicht zu viel abverlangen, sondern die einen ruhigen und gleichmäßigen Kraftaufwand fordern. Eine Alternative zu den eingeengten Bewegungen im Fitnessstudio sind zum Beispiel Bewegungssysteme, in denen die Tiefenmuskulatur trainiert wird. Beckenbodenübungen sind nicht nur für Frauen beliebte Trai-

3. BEHANDLUNGS- & PRÄVENTIONSMÖGLICHKEITEN

ningsmöglichkeiten, sondern auch für Männer. Beckenbodentraining fordert und fördert die Muskulatur im gesamten Beckenbereich, sodass auch Harn- und Darmwege stimuliert werden. Beckenbodentraining hilft bei Prostatabeschwerden, Inkontinenz oder allgemeinen Verdauungsstörungen. Übungen zur Stärkung der Tiefenmuskulatur sind schonender und entwickeln eine andere, elastischere Kraft als die konventionellen Kraftübungen. Die tieferliegenden Muskeln können im Körper nicht mit purer Muskelanstrengung gesteuert werden, sondern müssen mit der Vorstellungskraft und mit bewusster Entspannung stimuliert werden. So vereinen sich die positiven Wirkungen von Entspannungsübungen mit sportlicher Aktivität.

Eine andere Alternative sind Pilates-Übungen oder Walken. Beim Walken handelt es sich um eine Art des schnellen Gehens, aber nicht um Joggen. Beim Nordic Walking gehen Sie über einen längeren Zeitraum und halten Ihren Körper mit zwei Stöcken in Bewegung. Über die Vor- und Nachteile des Nordic Walking wird noch immer diskutiert. Sofern es Ihnen Spaß macht, sollten Sie es unbedingt tun, denn anders als beim Joggen müssen Sie Ihre Belastungsgrenze nicht erreichen, sondern können die Kondition langsam steigern.

3.11 Bewusste Lebensführung

Dieses Kapitel steht am Ende der Empfehlungen zu Präventionen und Therapiemöglichkeiten bei Sodbrennen, weil es gewissermaßen eine Zusammenfassung all der Vorschläge ist, die bereits gemacht wurden. Eine bewusste Lebensführung trägt maßgeblich zur Prävention bei, weil potenzielle Krankheitsursachen rechtzeitig erkannt werden können. Sie hilft auch nach dem Ausbruch von Krankheiten, weil sie es erlaubt, angemessene Therapiemöglichkeiten auszuwählen und ungünstige Lebensgewohnheiten nachhaltig zu ändern.

3.11 BEWUSSTE LEBENSFÜHRUNG

Sodbrennen können Sie mit vielen Hausmitteln oder naturheilkundlichen Verfahren selbst in den Griff bekommen. Wenn allerdings nichts über die Beseitigung der akuten Symptome hinaus erfolgt, werden sie irgendwann wiederkommen und das Sodbrennen kann sich zu einer chronischen Störung weiterentwickeln. Deshalb ist es wichtig, Symptome oder Krankheiten nicht nur als Störungen im Leben wahrzunehmen, sondern auch als Weckruf, etwas für seine Gesundheit zu tun. Erkrankungen können Hinweise geben, was in Ihrem Leben schiefläuft. Beim Sodbrennen weisen darüber hinaus die zu Beginn des Buches zitierten Redensarten, die sich auf den Zusammenhang von Verdauung und negativen Gefühlen beziehen, auf Fehlentwicklungen hin. Je bewusster Sie leben, desto besser können Sie solche Gefühle entdecken und auflösen.

Eine bewusste Lebensführung dient darüber hinaus der klaren Definition von Lebenszielen, der Beseitigung schlechter Gewohnheiten und der strikten Trennung zwischen wesentlichen und unwesentlichen Dingen. Das wirkt sich nicht nur positiv auf Ihre Gesundheit aus, sondern macht Ihr gesamtes Leben leichter und freudiger. Doch was heißt eigentlich »bewusste Lebensführung«? Täglich treffen wir eine Unmenge an Entscheidungen allein deshalb zugunsten der Alternative A oder B, weil wir es so gewohnt sind bzw. weil wir so konditioniert wurden, nicht aber aus einer bewussten Wahl heraus. »Bewusste Lebensführung« meint ein Hinterfragen dieser gewohnheitsmäßigen Entscheidungen sowie eine reflektierte und klare Sicht auf die eigene Person und die Welt.

Je bewusster Ihnen ist, warum und auf welche Weise Sie sich für oder gegen etwas entscheiden, desto klarer werden Ihnen die Dinge, denen Sie begegnen. So können Sie schnell erkennen, ob Ihnen etwas guttut oder nicht. Je mehr Sie sich von ungünstigen Gewohnheitsentscheidungen verabschieden, desto mehr Energie haben Sie für die wichtigen Dinge im Leben zur Verfügung. Dies erfordert Konsequenz und Durchhaltever-

3. BEHANDLUNGS- & PRÄVENTIONSMÖGLICHKEITEN

mögen. Beginnen Sie damit, das zu akzeptieren, was ist, und setzen sich dann klare – und vor allem realisierbare – Ziele, die Sie systematisch angehen. Ziele können Sie nur erreichen, wenn diese auf einer realen Grundlage fußen. Unrealistisch hohe Ziele sind genauso falsch wie das Nicht-anerkennen der Wirklichkeit. Je mehr Sie Ihre Gedanken gezielt steuern und bewusst wahrnehmen, desto leichter wird es Ihnen gelingen, negative Gedanken in positive zu verwandeln, was letztlich auch mehr positive Energie für Sie bedeutet. Das Bewusstsein ist wie ein Garten und jeder Gedanke ist ein Samen. Sie entscheiden, ob Sie dürres Unkraut oder große bunte Blumen wachsen lassen wollen.

Krankheiten als Projekte

Ihre Denkweise und Ihre Einstellung gegenüber dem Leben zeigen sich an Ihrem Umgang mit Krankheiten. Gemeinhin gelten Erkrankungen als Einschränkung der Lebensqualität. Ohne Frage: Das sind sie. Aber nicht nur! Sie bieten auch die Chance, an einer Krise zu wachsen. Nehmen Sie Krankheiten ausschließlich als Leid wahr, verstärken Sie das ohnehin schon vorhandene Leid. Selbstmitleid führt Sie nicht zurück ins Leben. Versuchen Sie stattdessen Krankheiten als Projekte zu verstehen, dann geben Sie sich Ihre Handlungsmacht zurück. An Projekten kann gearbeitet werden. Der Projektleiter Ihres Lebens sind Sie. Dazu gehört auch, bestehende Krankheiten und Symptome als das zu nehmen, was sie sind: Störungen an ganz bestimmten Stellen Ihres Körpers. Dass sie an ganz bestimmten Stellen auftreten, können Sie mit Zufall erklären. Sie können es aber auch zum Anlass nehmen, um der Frage nachzugehen, was Ihnen Ihr Körper mit dieser Krankheit bzw. den spezifischen Symptomen sagen möchte. Literatur aus dem Bereich der ganzheitlichen Medizin kann Ihnen dabei helfen. In der ganzheitlichen Medizin werden körperliche Beschwerden nicht unabhängig von geistigen oder

3.11 BEWUSSTE LEBENSFÜHRUNG

seelischen Problemen betrachtet, sondern stets in einem Zusammenhang mit ihnen.

Die etwas andere Körpersprache
Manchmal erkennt man als Betroffener allerdings auch ohne Zuhilfenahme der einschlägigen Literatur, was im Leben schiefgegangen ist und warum man krank wurde. Wer zum Beispiel in seinem Beruf immer nur Vollgas gibt, der wird irgendwann die Quittung für den Energieverschleiß bekommen: Sein Körper wird ihn stoppen und auffordern, langsamer zu leben. Erst sind es kleine Signale: Juckreiz, ab und zu Sodbrennen, Rückenschmerzen, Kopfschmerzen, Reizbarkeit oder Niedergeschlagenheit. Registriert der Betroffene die Signale nicht oder tut sie als unwichtig ab, muss der Körper lauter werden: Reizmagen, Reizdarm, Nahrungsmittelunverträglichkeiten, Schwächeanfälle oder chronisches Sodbrennen sind Signale, die nicht ignoriert werden können. Sie drängen sich ins Bewusstsein und zwingen den Menschen, wenigstens kurz innezuhalten.

Die Chance nutzen
Statt nun über den Körper zu klagen und darüber, wie schwach dieser doch sei, beginnt eine bewusste Lebensführung mit der Reflexion der Situation: Welche Störungen liegen vor? Hatte ich diese schon früher? Sind die Symptome bei bestimmten Aktivitäten oder Gedanken stärker? Welche Umstände belasten mich? Ihr Körper sendet Ihnen Botschaften, mit denen Sie Ihr Leben zum Positiven verändern können. Wenn eine Pflanze plötzlich krank wird, klagen Sie auch nicht über die Pflanze, sondern versuchen, Bedingungen für eine Regeneration der Pflanze zu schaffen. Je nach Pflanzenart braucht es mehr oder weniger Licht, mehr oder weniger Wasser, mehr oder weniger spezielle Pflege. Bewusste Lebensführung bedeutet, nach den Bedingungen zu suchen, die Sie benötigen, um zu genesen und sich vollends entfalten zu können.

3. BEHANDLUNGS- & PRÄVENTIONSMÖGLICHKEITEN

Selbstbeobachtungen im Alltag
Bewusste Lebensführung können Sie am einfachsten entwickeln, wenn Sie lernen, sich selbst zu beobachten – in jeder erdenklichen Situation. So werden Sie nicht nur Ihre körperlichen Reaktionen auf bestimmte Reize erkennen, sondern auch Ihre eingeschliffenen Gewohnheiten ausmachen können. Zu den Gewohnheiten zählen Verhaltensweisen, Gefühle und Gedanken. Normalerweise fällt es Menschen relativ leicht zu erkennen, welche Verhaltensweisen sie sich angewöhnt haben. Schwieriger wird es bei der Erkundung angewöhnter Denkweisen, denn hierbei müssen sie einen anderen Standpunkt einnehmen, um die eigene Gedankenwelt aus einer größeren Distanz beobachten zu können.

Die Macht der Gedanken
Es gibt ein chinesisches Sprichwort, das sinngemäß lautet: »Achte auf deine Gedanken, denn sie werden zu Worten. Achte auf deine Worte, denn sie werden zu Handlungen. Achte auf deine Handlungen, denn sie werden zu Gewohnheiten. Achte auf deine Gewohnheiten, denn sie werden dein Charakter. Achte auf deinen Charakter, denn er wird dein Schicksal.«

Die Gedanken stehen also am Anfang einer langen Kette von Ursachen und Wirkungen. Sie sind die erste Ursache, die darüber entscheidet, wie Sie Ihr Leben erfahren und wie es letztlich verläuft. Wenn Sie dazu neigen, düstere Gedanken zu hegen, wirkt sich das unmittelbar auf Ihre Handlungen aus und lösen so nur noch mehr Ereignisse in Ihrem Leben aus, die Ihnen zu negativen Gedanken Anlass geben. Um aus diesem Teufelskreis auszubrechen, nützt es wenig, sich zu positiven Gedanken zu zwingen. Im Gegenteil! Das oftmals falsch verstandene »positive Denken« würde alles nur verschlimmern, denn Sie können Gedanken nicht willentlich austauschen. Achten Sie in Ihrem Alltag darauf, wie rege der Gedankenfluss durch Sie hindurchströmt. Wie viel Einfluss haben Sie darauf? Bleiben Sie lieber beim Be-

3.11 BEWUSSTE LEBENSFÜHRUNG

obachten Ihrer Gedanken, ohne sich gleich in sie zu verstricken. Betrachten Sie sie wie vorüberziehende Wolken. So werden Sie hinter Ihre eigene Logik kommen und erkennen, welche Gedanken tiefe Gefühle offenbaren und welche bloß das Ergebnis konditionierter Muster sind.

Der neutrale Beobachter
Wie bei einem wissenschaftlichen Experiment sollten Sie sich selbst so unabhängig wie möglich beobachten. Mischen Sie sich in Ihre Gedanken nicht ein, schrauben Sie Ihre eigenen Meinungen in der Kommunikation mit anderen zurück und bleiben Sie wachsam, wie Sie auf bestimmte Ereignisse in Ihrer Umwelt reagieren. Erst wenn Sie Ihre »Re-Aktionen« kennen, können Sie alternative Aktionen entwickeln. Wenn Sie zum Beispiel erkennen, dass Sie immer wieder nach dem gleichen Typ von Partner suchen und jedes Mal in den Beziehungen enttäuscht werden, so liegt das nicht ausschließlich an Ihrem Gegenüber, sondern vor allem daran, dass Sie ein bestimmtes Gedanken-, Gefühls- und Verhaltensmuster immer wieder zeigen. Das beginnt nicht erst in der Beziehung, sondern schon bei der Partnersuche. Überlegen Sie nicht so sehr, welcher Partner zu Ihnen passen könnte, sondern beobachten Sie lieber, was diese Gedanken in Ihnen auslösen. Oftmals sind die Sehnsuchtsvorstellungen, die auf einen potenziellen Partner projiziert werden, nichts weiter als die Unzufriedenheit mit dem eigenen Leben.

Das Wesentliche vom Unwesentlichen trennen
Die bewusste Lebensführung ist nicht zu vernachlässigen, wenn Sie unter Sodbrennen leiden, auch wenn Ihnen das vielleicht anfangs zu weit zu führen scheint. Ihr Körper signalisiert Unwohlsein. Um dieses zu beseitigen, reicht es nicht, nur das Symptom zu lindern. Sie müssen nach den Ursachen forschen, die oftmals in bestimmten Aspekten der Lebensführung liegen. Stress, Bewegungsmangel und ungesunde Ernährung sind die Trias der mo-

3. BEHANDLUNGS- & PRÄVENTIONSMÖGLICHKEITEN

dernen Belastung. Vielen ist das nicht bewusst. Achtlos isst man Fast Food, macht Überstunden und sitzt lange vor dem Fernseher oder Computer. Die modernen Verführungen erschweren uns den Blick auf das Wesentliche – und zum Wesentlichen sollte ganz klar die eigene Gesundheit gehören, denn ohne diese würde uns die Kraft fehlen, das Leben zu gestalten.

Verantwortung übernehmen
Wenn Sie Ihr Sodbrennen zum Anlass nehmen, um nach schlechten Lebensgewohnheiten zu suchen, nehmen Sie Ihr Leben selbst in die Hand. Sie handeln verantwortungsvoll sich selbst gegenüber und können wie bei einer Zwiebel Schicht für Schicht abtrennen, um zum Kern vorzustoßen. Dieser Kern ist authentisch und frei von konditionierten Vorstellungen. Wenn Sie zum Beispiel Unbehagen in Ihrem Beruf spüren und den Anlass dazu in Ihrem Verhältnis zu den Arbeitskollegen vermuten, so kann dahinter etwas viel Größeres stehen: Womöglich üben Sie einen Beruf aus, der überhaupt nicht Ihren Zielen und Ansprüchen entspricht. Vielleicht haben Sie sich für den Beruf lediglich aufgrund des Geldes entschieden oder weil Ihre Familie Erwartungen an Sie gerichtet hat, diesen oder jenen Beruf zu ergreifen. Wenn Sie durch Selbstbeobachtung immer mehr zu Ihrem Kern vorstoßen, tun sich ungeahnte Möglichkeiten auf, denn dann wissen Sie, was für Sie das Wesentliche und was das Unwesentliche ist.

Schluss mit der Machtlosigkeit
Je mehr Verantwortung Sie für Ihr Leben übernehmen, desto weniger haben Sie das Gefühl, nur Opfer der Umstände oder Opfer anderer Menschen zu sein. Viele Probleme rühren daher, dass Menschen in als negativ empfundenen Lebenslagen ausharren, weil sie keinen Ausweg sehen. Über Jahre oder Jahrzehnte fühlen sie sich machtlos und erfahren diese Machtlosigkeit immer wieder, weil sie alles aus der Sicht eines Machtlosen sehen. Ein

Teufelskreis, der vor allem im Umgang mit anderen Menschen deutlich wird: Der Erwartungsdruck von anderen kann immens hoch sein und hat sicher schon so manchen in die Knie gezwungen. Doch letztlich sind Ihre eigenen Erwartungen an Ihr Leben die entscheidenden. Sobald Sie wissen, wohin Sie wollen und was Ihnen im Leben wichtig ist, richten Sie sich auf und gehen Ihren eigenen Weg. Sie verlassen die Komfortzone der Machtlosigkeit und übertragen niemand anderem mehr die Verantwortung für Ihr Leben. Sie sind von einem passiv Reagierenden zu einem aktiv Handelnden geworden. Nehmen Sie Ihre Krankheiten und Symptome daher zum Anlass, aktiv Ihr Leben zu gestalten.

3.12 Hilfe im Akutfall

Während Sie die bewusste Lebensführung langfristig durchhalten müssen und die Hausmittel und Selbstmedikationen mehr oder weniger stark gegen Sodbrennen helfen, ist es wichtig, im akuten Fall über ein Erste-Hilfe-Set zu verfügen, welches Sie einsetzen können, um die Beschwerden sofort zu lindern. Sobald Sie den akuten Fall überstanden haben, können Sie mithilfe der in diesem Buch vorgestellten Maßnahmen einer chronischen Erkrankung vorbeugen oder die Symptome derselben lindern.

Verzicht auf Sodbrennen auslösende Nahrungsmittel

Wenn Sie unvorbereitet von Sodbrennen getroffen werden, verzichten Sie sofort auf alle Nahrungsmittel, die Sodbrennen auslösen können. Wenn Sie schon wissen, welche Nahrungsmittel das bei Ihnen sind, können Sie gezielt auf diese verzichten. Wenn Sie noch nicht wissen, welche Nahrungsmittel schädlich sind, und sich erst mit dem Thema Ernährung vertraut machen müssen, verzichten Sie grundsätzlich auf alle industriell hergestellten

3. BEHANDLUNGS- & PRÄVENTIONSMÖGLICHKEITEN

Produkte oder Fertigkost, vor allem aber auf Zucker, Alkohol, Back- bzw. Teigwaren und Kaffee. Ersetzen Sie, sofern Sie die Möglichkeit haben, die üblichen Nahrungsmittel durch frisches Gemüse bzw. durch leicht bekömmliche Kost. Kauen Sie gründlich! Die Verdauung beginnt bereits im Mund und der basische Speichel ist enorm hilfreich gegen Sodbrennen. Trinken Sie außerdem eine halbe Stunde vor und nach dem Essen nur klares Wasser. Während Sie essen, sollten Sie nichts trinken.

Notfall-Tabletten und schnelle Hausmittel

Wenn Sie wissen, dass Sie zu Sodbrennen neigen, können Sie vor einem größeren Essen einem Akutfall vorbeugen, indem Sie die schnell wirkenden Antazida einnehmen. Diese entfalten Ihre Wirkung unmittelbar im Magen. Alternativen zu den synthetischen Medikamenten finden Sie unter den Hausmitteln. Beispielsweise können Sie immer ein paar Mandeln mitnehmen und sobald Sie spüren, dass sich Sodbrennen nähert, drei oder vier Mandeln gründlich zerkauen. Auch Senf lässt sich unterwegs problemlos einsetzen. Diesen gibt es in kleinen Packungen, sodass Sie bei Bedarf die Verpackung öffnen und den Senf zu sich nehmen können. Auch eine Banane kann gut transportiert werden und hilft im akuten Fall.

Kleidung weiten

Geben Sie Ihrem Bauch so viel Freiraum wie möglich. Legen Sie Ihren Gürtel ab, öffnen Sie den Hosenknopf und sollten Sie einen BH tragen, legen Sie auch diesen ab. Je enger Ihre Kleidung ist, desto stärker ist der Druck auf den Magen. Lösen Sie diesen Druck, damit auch der Magen entspannen kann.

Schnelle Akupressur

Eine weitere Möglichkeit, akutes Sodbrennen zu lindern, besteht in der Anwendung der Akupressur. Dafür benötigen Sie nichts

3.12 HILFE IM AKUTFALL

weiter als Ihre Hände und das Wissen, welche Akupressurpunkte zu stimulieren sind. Wenn Sie unterwegs akupressieren müssen, ziehen Sie sich an einen ruhigen Ort zurück und massieren Sie die im entsprechenden Kapitel beschriebenen Punkte.

Entspannung

Wenn Sie im akuten Fall die Möglichkeit haben, sich zurückzuziehen, sollten Sie dies unbedingt für bewusste Entspannung tun. Begeben Sie sich an einen ungestörten Ort und machen Sie kurze Entspannungsübungen. Sie können sich auf diesen Fall vorbereiten, indem Sie sich schon vorher überlegen, welche Visualisierungen Ihnen gut tun und mit welchen Sie sofort entspannen können. In der Selbst-Hypnose gibt es Verfahren, mit denen Sie Trigger setzen können. Das bedeutet, dass Sie in Ihren Entspannungsübungen das Gefühl der absoluten Entspannung mit einem Satz oder einem Bild koppeln. Jedes Mal, wenn Sie dann den Satz für sich aussprechen oder sich das Bild vorstellen, gelingt Ihnen eine sofortige Entspannung. Während Sie sich im akuten Fall entspannen, gehen Sie mit Ihrer Aufmerksamkeit in Ihren Bauch und stellen sich Ihren Magen vor. Bereits dies kann dazu beitragen, die Magenaktivitäten zu reduzieren. Sie können in Ihrer Vorstellungskraft aber auch weitergehen und sich zum Beispiel vorstellen, wie sich ein heilsames Licht in Ihrem Magen ausbreitet, von welchem Ruhe und Frieden ausgehen.

Eine ähnliche Praxis, die im akuten Fall helfen kann, ist die Anwendung von Mudras, speziellen Finger- und Handgesten, die im Buddhismus und Hinduismus vorkommen. Es gibt Mudras, die im Yoga ausgeführt werden und bei der Stimulierung einzelner Organe helfen sollen. So kann auch mithilfe der Mudras die Magensäure reguliert werden. Stellen Sie sich vor, dass Sie sich im Kontrollzentrum der Säureproduktion befinden und vor Ihnen ein Schaltpult steht. An diesem können Sie einstellen, ob Sie mehr oder weniger Magensäure produzieren möchten. Stellen Sie die Magensäuremenge auf einen niedrigen Wert ein. Stellen Sie sich

3. BEHANDLUNGS- & PRÄVENTIONSMÖGLICHKEITEN

dazu eine Grafik vor, auf der die gesunkene Säuremenge sichtbar wird. Speichern Sie die Einstellung am Schaltpult. Unterstützen Sie diese Visualisierung mit der Rudra-Mudra: Legen Sie die Spitzen von Daumen, Zeigefinger und Ringfinger zusammen, während der kleine Finger und der Mittelfinger leicht gestreckt bleiben.

4. Sodbrennen ist Ihr Projekt! Gehen Sie es an!

Sie haben in diesem Buch gelernt, was Sodbrennen ist, welche möglichen Ursachen es gibt und mit welchen Maßnahmen Sie Sodbrennen lindern können. Sie haben auch gelernt, dass Sie ein erweitertes Krankheitsverständnis anwenden können, um Sodbrennen im Kontext Ihres Lebens zu interpretieren. Wenn Sie nun am Ende dieses Buches angelangt sind, so hoffe ich, dass Sie neues Selbstvertrauen gewonnen haben und aus einem Gefühl der Ohnmacht in ein Gefühl der Verantwortung und Handlungsfähigkeit hineinwachsen. Vergessen Sie bei all den hier vorgestellten Ratschlägen und Hinweisen nicht, dass Sie sich jederzeit an kompetente Ärzte wenden können, mit denen Sie Ihren Einzelfall abklären können. Nutzen Sie dieses Privileg der modernen Welt gewissenhaft. Seien Sie aber auch bereit, selbst Lösungen zu finden, um Ihr Sodbrennen zu lindern!

Ein Fahrplan von Anfang an

Wenn Sie schon länger unter Sodbrennen leiden und gerne mit Hausmitteln und einer bewussten Lebensführung Ihre Symptome lindern möchten, beginnen Sie mit dem Naheliegendsten: dem Magen und der Ernährung. Die akuten Sodbrennen-Attacken sollten Sie zügig lindern. Machen Sie sich aber dann an die Planung Ihrer Therapie.

Ernährung, Stress und Sport

Überprüfen Sie zuerst Ihre Ernährungsweise und beobachten Sie, beim Verzehr welcher Nahrungsmittel Sie zu Sodbrennen neigen. Gehen Sie dann dazu über zu beobachten, in welchen Situationen das Sodbrennen auftritt. Haben Sie zum Beispiel

4. SODBRENNEN IST IHR PROJEKT! GEHEN SIE ES AN!

Sodbrennen verstärkt an Ihrem Arbeitsplatz oder im Umgang mit bestimmten Menschen? Wann stößt Ihnen etwas sauer auf? Beobachten Sie Ihr Gefühlsleben und Ihre Gedankenwelt. Wie fühlen Sie sich meistens? Sind Sie häufig gereizt? Haben Sie konkrete Ängste, die immer wiederkehren? Wie ist Ihre Work-Life-Balance? Sind Sie zu sehr in Ihre Arbeit eingespannt? Neigen Sie vielleicht schon zum Burn-out oder zum Bore-out? Überprüfen Sie alles, was Ihnen unter die Lupe kommt, und machen Sie sich Notizen, was Ihnen positiv und negativ auffällt.

Planen Sie parallel eine Ernährungsumstellung. Zu Beginn können Sie die Schonkost anwenden, doch sollten Sie langfristig alle schädlichen Nahrungsmittel durch gesunde ersetzen. Je nach Ernährungskonzept gibt es dafür unterschiedliche Ansätze. Beginnen Sie am besten mit der basischen Ernährung und prüfen Sie, welche Lebensmittel bei Ihnen das Potenzial zur Säurebildung besitzen. Während Sie Ihre Ernährung umstellen, können Kräutertees, Akupressur oder Wasseranwendungen helfen, den Magen zu beruhigen. Nutzen Sie die Hausmittel im akuten Fall. Die Ernährungsumstellung können Sie mit Entspannungsübungen ergänzen. Auch sportliche Aktivität kann helfen, wenn sie Ihnen nicht als Belastung erscheint. Gehen Sie raus an die frische Luft und trainieren Sie Ihren Körper!

Je intensiver Sie sich mit Ihrem Leben befassen und dieses reflektieren, desto mehr Stressoren können Sie entdecken. Hier helfen die Entspannungsübungen! Gehen Sie aber auch mit Stress aktiv um und lernen Sie Methoden für ein effektives Stressmanagement. Letztlich geht es darum, dass Sie Ihre persönliche Grenze erkennen, um sagen zu können: »Stopp! Bis hierher und nicht weiter!«

Darmsanierung und Fasten
Sollten diese Ansätze alle nichts bewirkt haben, gehen Sie zu Ihrem Hausarzt und besprechen Sie mit ihm die Symptome. Sie können auch eine Darmsanierung in Betracht ziehen. Es gibt

4. SODBRENNEN IST IHR PROJEKT! GEHEN SIE ES AN!

Ärzte, die vor einem Sanierungsprogramm für den Darm die Flora desselben untersuchen, um sich ein Bild über die Bakterienverhältnisse zu verschaffen. Wenden Sie sich an Ärzte, die das Konzept der Darmsanierung befürworten oder ihm zumindest offen gegenüberstehen. Sie können Ihren Arzt auch fragen, ob er selbst schon einmal gefastet hat. Vielleicht befürwortet er das Fasten als Heilmethode und unterstützt Sie gerne mit seinen Erfahrungen oder mit einer Kontrolle Ihres Gesundheitszustandes während des Fastens.

Medikamente

Sollten Ihnen alle der hier vorgestellten natürlichen Heilverfahren nichts genützt haben, können Sie immer noch Medikamente einnehmen. Bei Sodbrennen sind Protonenpumpenhemmer die gängigsten Arzneien. Es dauert zwar, bis sie anfangen zu wirken, dafür wird ein Magensäureüberschuss durch eine Blockade der Magensäureproduktion behoben. So können etwaige Säureschäden in Magen oder Speiseröhre besser abheilen, weil sie nicht immer wieder neu durch die ätzende Wirkung der Säure gereizt werden. Beachten Sie jedoch die Gefahr der Medikamentenabhängigkeit und die potenziellen Nebenwirkungen. Vor allem das Risiko der Abhängigkeit ist nicht zu unterschätzen, weil es nicht allein um psychische Abhängigkeit geht, sondern auch um physische: Werden die Medikamente abgesetzt, kann es zur Überproduktion von Magensäure kommen. Dieser kann man wiederum nur mit Medikamenten Herr werden. So wird ein Teufelskreis in Gang gesetzt, aus dem auszubrechen sehr schwer ist.

Sodbrennen lindern – ein Weg zu mehr Vitalität und Lebensfreude

Sodbrennen scheint anfangs erst einmal ein relativ harmloses Phänomen zu sein. Es kann ernährungsbedingt auftreten, kann aber auch die Folge einer Krankheit sein. Wahrscheinlicher ist, dass es

4. SODBRENNEN IST IHR PROJEKT! GEHEN SIE ES AN!

die Folge innerer Unruhe ist, die den modernen Menschen Tag für Tag belastet. Wenn Sie physische Ursachen hinter Ihrem Sodbrennen vermuten, lassen Sie sich von Ihrem Arzt untersuchen. Sollte dieser keine Auffälligkeiten finden oder wissen Sie bereits, dass Sodbrennen bei Ihnen mit Stress und Aufregung zusammenhängt, orientieren Sie sich an psychologischen Modellen, um Ihr Sodbrennen zu verstehen. Natürlich kann es ausreichen, gegen Sodbrennen synthetische Medikamente oder Heilmittel aus der Volksmedizin anzuwenden. Doch wenn Sie sich nicht an die Ursachen des Sodbrennens herantasten, wird es immer und immer wieder auftreten. Geben Sie sich die Zeit, die Sie brauchen, um Ihren Körper und Geist zu verstehen. Lindern Sie das Sodbrennen kurzfristig mit Hausmitteln, die Ihnen zusagen. Lindern Sie es langfristig, indem Sie Ihr Leben kritisch überprüfen. Der Zustand Ihres Körpers zeigt den Zustand Ihres Geistes und Ihrer Seele. Ihr mentaler und emotionaler Zustand hängt zu großen Teilen von Ihren Einstellungen und Erwartungen ab. Hoffen Sie stets das Beste, aber seien Sie immer auf alles gefasst. Niemand kann Ihnen eine Gesundheitsgarantie geben. Was Sie tun oder planen, ist die eine Sache – was dann tatsächlich geschieht, die andere. Solange Sie flexibel bleiben und mit neuen Herausforderungen kreativ umgehen, können Sie ein Leben gestalten, das immer mehr Lebensfreude und Vitalität beinhaltet. Nutzen Sie Krankheiten als Wegweiser zu Ihrer Gesundung! Seien Sie bereit, Ihr Leben nicht von Arzt zu Arzt zu tragen, sondern es selbst in die Hand zu nehmen. Lernen Sie eine bewusste Lebensführung und lösen Sie die Probleme, solange Sie noch klein sind.

Quellenverzeichnis

Al Somal N., Coley K. E., Molan P. C. & Hancock B. M. (1994): Susceptibility of Helicobacter pylori to the antibacterial activity of manuka honey. In: Journal of the Royal Society of Medicine, 87. Jg., Heft 1, S. 9–12.

Bachmann, Robert (o. J.): Kneipp'sche Anwendungen. URL: http://www.kneippverein-bad-ditzenbach.de/5349689fb80c72304.html#534968a18d0cc412d [12.03.2015].

Bachmann, Robert (o. J.): Wie bleibt man mit Kneipp gesund? URL: http://www.kneipp-wassertherapie.de/Kneipp_Wasseranwendungen.pdf [12.03.2015].

Bischoff, Stephan (Hrsg.) (2009): Probiotika, Präbiotika und Synbiotika. Stuttgart: Thieme Verlag.

Block, Berthold (2006): Gastrointestinaltrakt. Leber, Pankreas und biliäres System. Stuttgart: Thieme Verlag.

Blum, André Louis (1976): Klinische Untersuchung. In: Rüdiger Siewert, André Louis Blum & Franz Waldeck (Hrsg.): Funktionsstörungen der Speiseröhre. Pathophysiologie – Diagnostik – Therapie. Berlin: Springer Verlag, S. 71–74.

Bubenzer, Rainher H. (o. J.): Arzneitherapie. Welche Mittel lösen am häufigsten Sodbrennen aus? URL: http://www.sodbrennen-welt.de/news/200509-Welche-Medikamente-am-haeufigsten-Sodbrennen-ausloesen.htm [20.05.2015].

Buchinger, Otto (2005): Das Heilfasten und seine Hilfsmethoden als biologischer Weg. Stuttgart: Karl. F. Haug Verlag.

QUELLENVERZEICHNIS

Christiansen, Andrea (2008): Mudras. Finger-Yoga – einfache Übungen mit großer Wirkung. München: Südwest Verlag.

Dahlke, Ruediger (2010): Das große Buch vom Fasten. München: Arkana, Random House GmbH.

Deutsches Institut für Medizinische Dokumentation und Information (2013): Internationale statistische Klassifikation der Krankheiten und verwandter Gesundheitsprobleme. 10. Revision. Köln: kein Verlag.
URL: http://www.dimdi.de/static/de/klassi/icd-10-who/kodesuche/onlinefassungen/htmlamtl2013/ [26.02.2015].

DiBaise, John et al. (2002): Role of GERD in chronic resistant sinusitis: a prospective, open label, pilot trial. In: The American Journal of Gastroenterology, 97. Jg., Heft 4, S. 843–50.

Droste-Laux, Michael (2014): Das Säure-Basen-Erfolgskonzept. Entschlackung - Ernährung – Körperpflege. München: Knaur.

Eppel, Heidi (2007): Stress als Risiko und Chance. Grundlagen von Belastung, Bewältigung und Ressourcen. Stuttgart: W. Kohlhammer GmbH.

Füeßl, Hermann Sebastian (2004): Innere Medizin in Frage und Antwort. Stuttgart: Georg Thieme Verlag.

Genkova, Petia et al. (Hrsg.) (2013): Handbuch Stress und Kultur. Wiesbaden: Springer Fachmedien.

Gerhard, Ingrid (2010): »Ich bin sauer, so kann ich mir helfen« oder 5 Schritte zur Entsäuerung.
URL: http://www.netzwerk-frauengesundheit.com/ich-bin-sauer-so-kann-ich-mir-helfen/ [16.03.2015].

Gerok, Wolfgang (Hrsg.) (2007): Die Innere Medizin. Referenzwerk für den Facharzt. Stuttgart: Schattauer GmbH.

QUELLENVERZEICHNIS

Gray, Robert (2000): Das Darm-Heilungsbuch. Gesundheit durch Kolon-Sanierung. München: Droemer Knaur.

Gräber, René (2014): Schonkost – Eine kurze Anleitung für Patienten.
URL: http://www.naturheilt.com/Inhalt/Schonkost.htm [08.03.2015].

Gruber, Karin et al. (2011): Schluss mit Sodbrennen, Reflux, Gastritis, Magengeschwüre und Reizmagen. Wien: Verlagshaus der Ärzte GmbH.

Gumpert, Nicolas (2015): Protonenpumpenhemmer Nebenwirkungen.
URL: http://www.dr-gumpert.de/html/protonenpumpenhemmer_nebenwirkun.html [22.05.2015].

Hedderich, Ingeborg (2009): Burnout. Ursachen, Formen, Auswege. München: C. H. Beck.

Institut für Prävention und Ernährung (2004): Nahrungsmitteltabelle.
URL: http://www.saeure-basen-forum.de/pdf/IPEV-Nahrungsmitteltabelle.pdf [21.05.2015].

Jaspersen, Daniel et al. (2003): Refluxassoziierte Atemwegserkrankungen. Aus der Sicht von Gastroenterologie, HNO und Pneumologie. In: Deutsches Ärzteblatt, 100. Jg., Heft 47, S. A-3096 / B-2572 / C-2402.

Kaptchuk, Ted (2006): Das große Buch der chinesischen Medizin. Die Medizin von Yin und Yang in Theorie und Praxis. Frankfurt am Main: S. Fischer Verlag.

Keller, Roger & Herzberg, Daniela (o. J.): 5 Elemente Ernährungstabelle.
URL: http://www.5-elemente.org/de/ernaehrung/nahrungsmittel.html [21.05.2015].

QUELLENVERZEICHNIS

Koop, Herbert et al. (2005): Ergebnisse einer evidenzbasierten Konsensuskonferenz der Deutschen Gesellschaft für Verdauungs- und Stoffwechselkrankheiten. In: Zeitschrift für Gastroenterologie, 43. Jg., Heft 2, S. 163–164.

Köllner, Maria (2007): Die Bauchselbstmassage. Wie der Darm gesundet und die Verdauung in Schwung kommt. In: BIO. Gesundheit für Körper, Geist und Seele, 2. Jg., Heft 5, S. 10–20.

Köppen, Hartmut (2010): Gastroenterologie für die Praxis. Stuttgart: Thieme Verlag.

Kury, Patrick (2012): Der überforderte Mensch. Eine Wissensgeschichte vom Stress zum Burnout. Frankfurt am Main: Campus Verlag.

Laimighofer, Astrid (2014): Schonkost für Magen und Darm. So bauen Sie die Ernährung nach dem 3-Stufen-Konzept sanft auf. Stuttgart: TRIAS. MDR FERNSEHEN, Redaktion Wirtschaft und Ratgeber »Hauptsache Gesund« (2013): Sodbrennen natürlich bekämpfen!
URL: http://www.google.de/url?sa=t&rct=j&q=&esrc=s&source=web&cd=2&cad=rja&uact=8&ved=0CDwQFjAB&url=http%3A%2F%2Fwww.mdr.de%2Fhauptsache-gesund%2Fdownload3428-download.pdf&ei=naUBVdSOBM3JOe6QgMgP&usg=AFQjCNFaKHJkIPyWcX9h8Rk6z-veNOdpyQ&sig2=AQytStgpVPIEt_95L_8iWw&bvm=bv.87920726,d.ZWU [12.03.2015].

Laotse (2010): Tao-te-King. Zürich: Diogenes Verlag.

McLeod, Saul (2010): Stressful of Life Events.
URL: http://www.simplypsychology.org/SRRS.html.

Menschel, Matthias (2008): Entschlacken – so funktioniert's. Die Vitalkur zum Selbermachen. In: Naturarzt, 148. Jg., Heft 6, S. 36–38.

QUELLENVERZEICHNIS

Messmann, Helmut (Hrsg.) (2012): Klinische Gastroenterologie. Das Buch für Fort- und Weiterbildung. Stuttgart: Thieme Verlag.

Müller, Sven-David & Weißenberger, Christiane (2014): Schonkost. Leichte Vollkost bei Sodbrennen, Magendruck, Blähungen, Völlegefühl und Übelkeit. Genießen erlaubt! Hannover: Schlütersche

Natur & Heilen Beratungsservice (2011): Kann man rohen Kartoffelsaft trinken?
URL: http://www.naturundheilen.de/service/beratungsservice/artikel/kann-man-rohen-kartoffelsaft-trinken/ [09.03.2015].

Neosmart Consulting AG (2015): Sodbrennen. Zu viel oder zu wenig Magensäure?
URL: http://www.zentrum-der-gesundheit.de/sodbrennen.html [23.03.2015].

o. A. (o. J.): Auch Sport kann Sodbrennen auslösen.
URL: http://www.sodbrennen-welt.de/news/200211-Auch-Sport-kann-Sodbrennen-ausloesen.htm [23.05.2015].

o. A. (2015): arznei-telegramm.
URL: http://www.arzneitelegramm.de/ [20.05.2015].

o. A. (2014): Medikamentencheck Wirkstoffliste. In: Apotheken Umschau.
URL: http://www.apotheken-umschau.de/Medikamente/Medikamentencheck-Wirkstoffliste-60269.html [20.05.2015].

o. A. (2013): Medikamentencheck. In: Apotheken Umschau.
URL: http://www.apotheken-umschau.de/Arzneimittel-Check [20.05.2015].

Onmeda-Redaktion (2015): Fußreflexzonenmassage (FRM).
URL: http://www.onmeda.de/behandlung/fussreflexzonenmassage.html [21.05.2015].

QUELLENVERZEICHNIS

Pfeifer, Wolfgang (o. J.): Sodbrennen. In: Berlin-Brandenburgische Akademie der Wissenschaften (Hrsg.): Digitales Wörterbuch der deutschen Sprache. Berlin: kein Verlag. URL: http://www.dwds.de/?kompakt=1&qu=Sodbrennen [25.02.2015].

Polten, Stefan (2014): Der Magensäure-Test. URL: http://gesundheit-to-go.de/der-magensaeure-test/ [28.02.2015].

Renz, Harald (Hrsg.) (2003): Integrative Klinische Chemie und Laboratoriumsmedizin. Pathophysiologie, Pathobiochemie, Hämatologie. Berlin: Walter de Gruyter Verlag.

Reumschüssel, Anja (2013): Wie beim Fasten der nagende Hunger besiegt wird. In: Die Welt vom 30.01.2013. URL: http://www.welt.de/gesundheit/article113234226/Wie-beim-Fasten-der-nagende-Hunger-besiegt-wird.html [23.05.2015].

Rinzler, Carol Ann & DeVault, Ken (2014): Sodbrennen und Reflux lindern für Dummies. Weinheim: Wiley-VCH Verlag.

Rothlin, Philippe & Werder, Peter (2009): Diagnose Boreout. Houten: Spectrum.

Schepp, Wolfgang et al. (2005): Themenkomplex I: Definitionen, Epidemiologie und natürlicher Verlauf. In: Zeitschrift für Gastroenterologie, 43. Jg., Heft 2, S. 165–167.

Schmeck-Lindenau, Hans Joachim (2003): Qualitätshandbuch der gastrointestinalen Endoskopie. Für Klinik und Praxis. Köln: Deutscher Ärzte-Verlag.

Schmidt, Harald & Estler, Claus-Jürgen (Hrsg.) (2007): Pharmakologie und Toxikologie. Für Studium und Praxis. Stuttgart: Schattauer GmbH.

QUELLENVERZEICHNIS

Schnurr, Eva-Maria (2010): Iss dich glücklich! In: Zeit Wissen, Nr. 05/2010. URL: http://www.zeit.de/zeit-wissen/2010/05/Iss-dich-gluecklich/seite-3 [20.05.2015].

Schulze, Jürgen (2008): Probiotika. Mikroökologie, Mikrobiologie, Qualität, Sicherheit und gesundheitliche Effekte. Stuttgart: Hippokrates Verlag.

Schweitzer, Rudolf (2014): Die Heilpraktiker-Akademie. Teil Verdauungssystem. München: Elsevier GmbH.

Silbernagl, Stefan (2012): Taschenatlas Physiologie. Stuttgart: Thieme Verlag.

Stonjek, Inka & Blechschmied, Jakoba (2012): Säure-Basen-Haushalt im Gleichgewicht. Hamburg: ReformhausMarketing GmbH.

Stux, Gabriel (2007): Akupunktur Einführung. Heidelberg: Springer Verlag.

[sunlock] (2014): Nach dem Essen von Roten Beete. URL: https://ffmpotlucks.wordpress.com/2014/01/22/nach-dem-essen-von-roten-beete/ [28.02.2014].

Temelie, Barbara & Trebuth, Beatrice (2009): Das Fünf Elemente Kochbuch. Oy-Mittelberg: Joy Verlag GmbH.

Tiller, Friedrich & Stein, Birgit (2012): Labordiagnostische Praxis. Landsberg: ecomed MEDIZIN Verlagsgesellschaft in Hüthig Jehle Rehm.

Treben, Maria (1982): Gesundheit aus der Apotheke Gottes. Steyr: Wilhelm Ennsthaler.

Verein Rügener Heilkreide e. V. (o. J.): Rügener Heilkreide. URL: http://www.heilkreide.de/ [21.05.2015].

QUELLENVERZEICHNIS

Voegeli, Adolf (1995): Magen-, Leber- und Galle-Erkrankungen. Ulm: Karl F. Haug Verlag.

Wacker, Sabine (2013): Basenfasten. Richtig einkaufen. Stuttgart: Trias Verlag.

Wacker, Sabine (2014): Einfach Basenfasten. Sofort loslegen und wohlfühlen. Stuttgart: Trias Verlag.

Wagner, Franz (2006): Akupressur. Heilung auf den Punkt gebracht. München: Gräfe und Unzer Verlag.

Werner, Andrea (o. J.): Sodbrennen Hausmittel. Tipps. URL: http://sodbrennenhausmittel-tipps.de/ [09.03.2015].

Yazaki, Etsuro et al. (1996): The effect of different types of exercise on gastro-oesophageal reflux. URL: http://www.ncbi.nlm.nih.gov/pubmed/9040897 [23.05.2015].

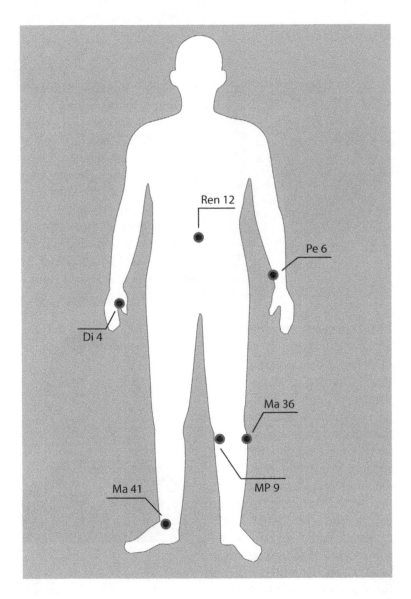

Abbildung 1: Akupressurpunkte

Die Autoren

Dr. med. Roman Machens studierte Humanmedizin und ist Arzt für Innere und Allgemeinmedizin. Neben seiner Tätigkeit in der eigenen Praxis ist er auch Lehrbeauftragter an der Ludwig-Maximilians-Universität in München und hat sich intensiv dem Thema Naturheilverfahren und Ganzheitliche Medizin gewidmet. Er lebt mit seiner Familie in Landshut bei München.

Christoph Eydt, 1985 in Halle an der Saale geboren, studierte in seiner Heimatstadt Katholische Theologie, Geschichte, Pädagogik und Psychologie. Er hat Fachartikel, Ratgeber und Bücher zu diversen Gesundheitsthemen geschrieben. Persönliche Weiterbildungen sowie die intensive Zusammenarbeit mit Ärzten, Heilpraktikern und Psychologen an deren Buchprojekten haben zu einem umfassenden Hintergrundwissen beigetragen. Er lebt mit seiner Familie in der Nähe seiner Heimatstadt.